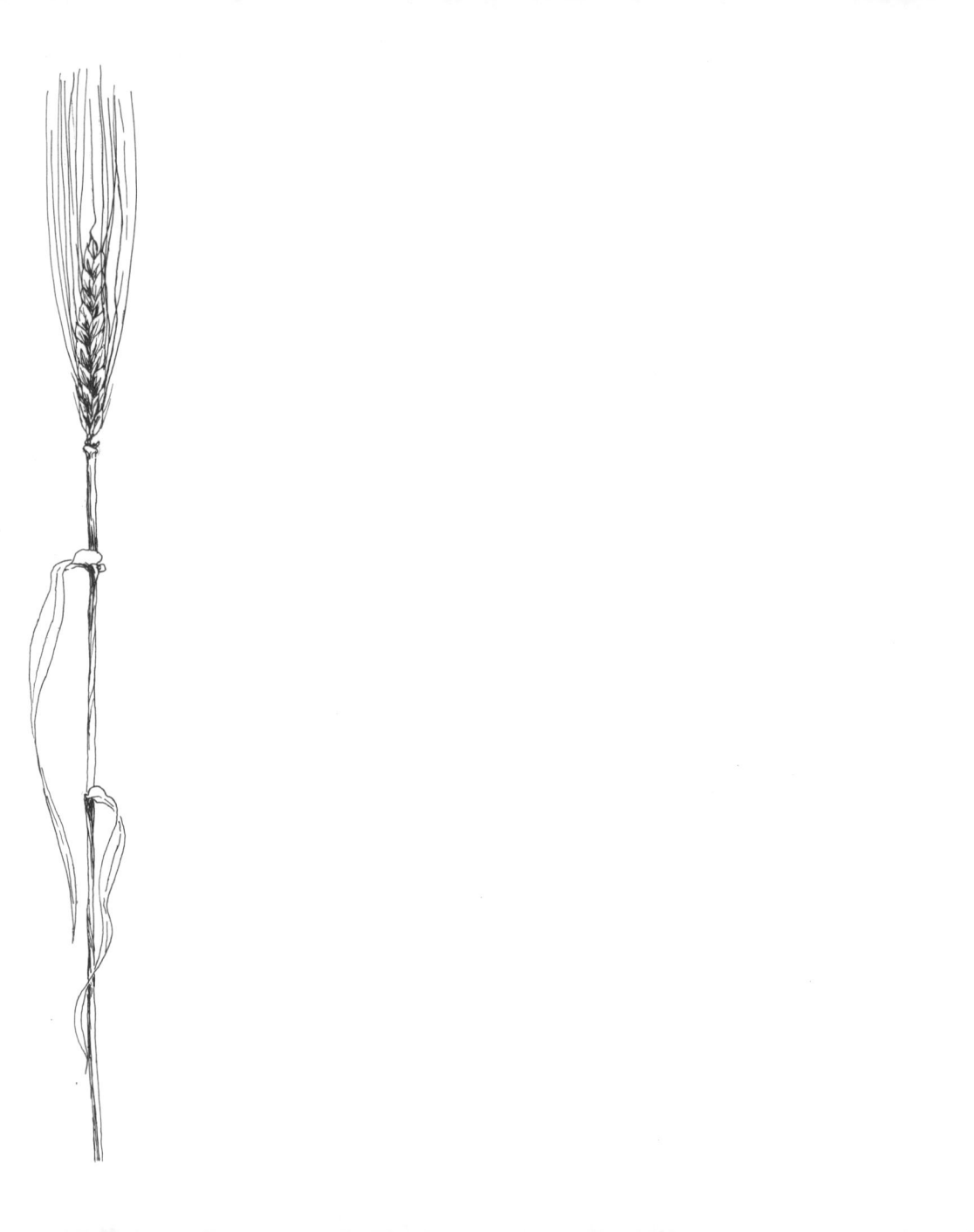

Hademar Bankhofer

Das Müslibuch

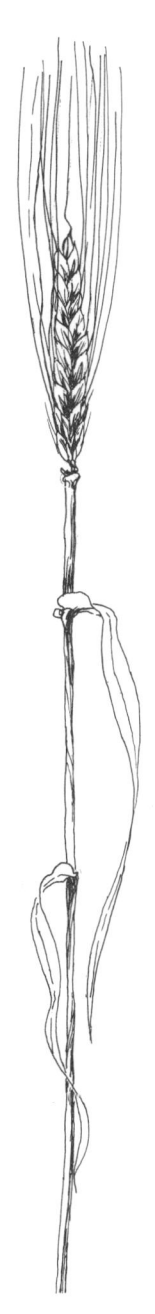

Mosaik Verlag

Einbandfoto: Ulrich Kerth, München
Zeichnungen: Mascha Blömer, München
Einbandgestaltung: Wilfried Becker
Layout: Heidrun Nawrot
Fotos Innenteil: Gittis Müsli (7); Ulrich Kerth (1)

Satz: Filmsatz Schröter GmbH, München
Druck und Bindung: Mohndruck Grafische Betriebe GmbH, Gütersloh
Printed in Germany
ISBN 3-570-01467-3

Inhalt

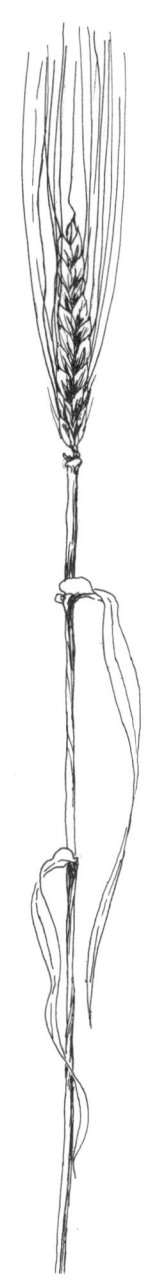

Wie das Müsli
erfunden wurde

Alles auf der Welt hat seine Geschichte. So auch das Müsli. Und mancher, der zum ersten Mal einen Teller voll Müsli vor sich stehen hat, wird sich fragen: Woher kommt es eigentlich – wer hat es erfunden?

Im Grunde genommen gibt es das Müsli seit rund 10 000 Jahren, damals als der Mensch begann, seßhaft zu werden und den Boden zu bebauen. Seine Hauptnahrung bestand aus Getreide. Nach der Ernte zerstampfte er das Getreide zu grobem Mehl, das er entweder so zu sich nahm oder mit Wasser

oder Milch zu einem Brei vermischte. Das volle Korn wurde also mit all seinen vitalstoffreichen Randschichten und dem wertvollen Keim verzehrt. Diese Urnahrung war zweifelsohne der Vorläufer unseres Müslis. Auch die Bauernkost des Mittelalters sah noch ähnlich aus. Zum Frühstück wurde ein Getreidebrei gegessen, dessen Basis Getreidesorten wie Hafer, Gerste, Roggen, Weizen und später Mais bildeten. Die Körner wurden zerstampft und mit Wasser oder Milch verrührt. Jahrhundertelang war der Getreidebrei mit Milch bei vielen Bergbauern Mitteleuropas die einzige »Mehlspeise«.

Und bis in unser Jahrhundert hinein blieb dieser Brei vor allem bei den Alpenbewohnern und bei Hirten und Sennen das tägliche Frühstück, mitunter auch das Abendbrot. Er wurde in einer eigens dafür reservierten dreifüßigen Pfanne aus Eisen oder aus Kupfer über offenem Feuer zubereitet. Die Zutaten dafür stammten ausschließlich aus der eigenen Landwirtschaft: Das selbst angebaute Getreide, die Milch von den eigenen Kühen, Schafen oder Ziegen, frische oder getrocknete Früchte, meist Äpfel und Birnen. Nur an Festtagen servierte die Hausfrau den Brei, der dann aus Hirse bestand, mit Butter und Honig.

Müsli ist also eine uralte Speise, die erst mit wachsendem Wohlstand in Vergessenheit geriet. Nur in den entlegenen Bergtälern und auf den Almen hatte es sich in seiner ursprünglichen Form erhalten.

Auch das Wort »Müsli« ist nicht neu. In abgewandelter Form gab es das Wort schon immer. Die Bauern nannten nämlich ihren Getreidebrei »Mus«, »Müs« oder »Mues«. Die Bezeichnung war nicht nur in der Schweiz üblich, sondern im gesamten deutschsprachigen Raum.

Wiederentdeckt wurde das Mues – darüber gibt es keine Diskussion – von Maximilian Oskar Bircher-Benner. Ihm verdanken wir die Renaissance des Müslis, das zum Pionier der gesunden Vollwerternährung geworden ist. Vor ihm haben schon einige namhafte Naturheilkundige für das Müsli gekämpft. Sie dürfen deshalb bei einem Rückblick auf die Geschichte des heutigen Müslis nicht vergessen werden.

Erstmals trat im 19. Jahrhundert der Apotheker Theodor Hahn aus Mecklenburg, ein Verfechter der auf dem Getreide basierenden Milch-Pflanzen-Kost, für das Müsli ein. Er litt seit Geburt an verschiedenen Krankheiten, wurde von Ärzten, die ihm nicht helfen konnten, immer wieder enttäuscht, und kam schließlich durch Selbstversuche zu dem Schluß, daß mit einer besonders durchdachten Ernährung auf Pflanzenbasis Schmerzen zu lindern und Krankheiten zu heilen sind. Und tatsächlich kurierte Hahn seine Leiden mit der von ihm erprobten Ernährungsweise und wurde gesund. Er war überzeugter Vegetarier und versuchte nun, seinen Mitmenschen die Vorteile der Milch-Pflanzen-Kost zu beweisen. Er ging dabei nicht nur auf gesundheitliche, sondern auch auf volkswirtschaftliche Gesichtspunkte ein und betonte immer wieder: Die gleiche Landfläche, die *ein* Mensch braucht, um Getreide für sich und sein Vieh zu ernten, kann *fünf* Menschen mit Getreide und Gemüse sattmachen. Dr. Alexander Haig, ein englischer Arzt, war der nächste, der wieder an die gesunde Getreidekost erinnerte. Im Jahr 1892 erschien sein Buch »Harnsäure als Faktor bei der Entstehung von Krankheiten«. Das Buch gilt als Vorreiter der wissenschaftlichen Ernährungsforschung und wurde 1902 von Dr. Maximilian Oskar Bircher-Benner ins Deutsche übersetzt. Dr. Haig litt viele Jahre seines Lebens an starker Migräne und stellte nach Experimenten an sich selbst fest, daß sein Leiden immer dann verschwand,

wenn er auf Fisch und Fleisch verzichtete. Seinen Erkenntnissen ist es zu verdanken, daß wir heute wissen, wie sehr die Harnsäure der Fleischprodukte den menschlichen Organismus belasten und vergiften kann.

Der deutsche Naturarzt Heinrich Lahmann, 1860 geboren, legte seinen Patienten aufgrund langjähriger Beobachtungen ebenfalls nahe, viel Getreide, viel Gemüse und Obst und nur wenig Fleisch zu essen.

Als Wegbereiter von Bircher-Benner muß auch Gustav Schlickeysen aus Mannheim angesehen werden. In seinem Buch »Obst und Brot« sprach er sich für die Ernährung mit Vollkorn und rohem Obst aus und erinnerte erstmals wieder an den Getreidebrei der ländlichen Bevölkerung. Schlickeysen betonte immer wieder: »Wer Getreide und Obst zu sich nimmt, wird zu regen sportlichen Leistungen und zu besserer geistiger Arbeit angeregt, ist fröhlicher und unbeschwerter. Gekochte Speisen machen träge und müde...!«

Aber noch keiner dieser Verfechter einer naturgemäßen Ernährung hat seine Patienten und Mitmenschen direkt zum Müsli-Essen aufgefordert.

Das tat erst Dr. Maximilian Oskar Bircher-Benner. Er wird daher mit Recht

als »Vater« unseres heutigen Müslis bezeichnet.

Maximilian Oskar Bircher wurde am 22. August 1867 in Aarau in der Schweiz geboren. Seine Vorfahren waren Bürgermeister von Luzern und Offiziere im Dienst der französischen Könige.

Max besuchte das Gymnasium und wollte unbedingt Arzt werden. Deshalb wurde er schon als kleiner Junge das »Dökterli« genannt. Er studierte dann tatsächlich Medizin in Berlin und Zürich und eröffnete 1891 seine erste Praxis. 1893 heiratete er Elisabeth Benner (daher der Doppelname), die Tochter eines elsässischen Apothekers. Sie führte nicht nur den Haushalt mit sieben Kindern, sondern kümmerte sich auch um die Patienten ihres Mannes, half ihm beim Verfassen seiner Manuskripte und bei Übersetzungen.

Dr. Bircher-Benner hatte zwei entscheidende Erlebnisse in seinem Leben, die ihn veranlaßten, das Müsli als Heilnahrung zu propagieren.

Während seiner ersten Praxisjahre erkrankte der junge Arzt an leichter Gelbsucht. Seine Frau reichte ihm eines Tages als Mahlzeit nur einen Apfel. Er war entsetzt: »Dummes Zeug! Obst ist doch nur Wasser und hat überhaupt keinen Nährwert!«

Er aß ihn aber doch und bekam nun täglich seinen Apfel. Bald fühlte er sich prächtig und ganz gesund. Von diesem Zeitpunkt an befaßte er sich mit der Heilwirkung roher Nahrung.

Und dann unternahm er eines Tages mit seiner Frau eine Bergwanderung. Die beiden machten auf einer Almwirtschaft Station und wurden dort von der Sennerin bewirtet. Sie bekamen ein recht seltsames Essen serviert: zermahlenes Korn, Obst, Milch und zerkleinerte Nüsse. Es schmeckte ihnen vorzüglich, und sie fühlten sich sehr gekräftigt.

Immer intensiver befaßte er sich mit der Ernährung auf Rohkostbasis. Dabei beobachtete er, daß auf den Schweizer Almen, wo dieser Kornbrei vorwiegend als Nahrung diente, besonders gesunde, kräftige Menschen lebten, die keinerlei Magen- und Darmbeschwerden hatten. Also mußte diese Speise doch eine heilsame und gesunderhaltende Wirkung haben.

Bircher-Benner verordnete den Patienten in seiner Arzt-Praxis und später in seiner Klinik diese »Früchtediätspeise«, wie er sie nannte. Das Gericht wurde allgemein »d' Spys« – die Speise schlechthin – genannt. Im Volksmund hieß sie bald »Bircher-Müsli«. Damit war das Müsli entdeckt.

Bircher-Benner hat also eine alte, längst vergessene Eßgewohnheit wiederaufleben lassen, die besonders in der Schweiz in obstreichen Gegenden schon immer praktiziert wurde. Im Sommer und Herbst nahm man zum Kornmus Frischobst, im Winter Dörrobst. Die Milch dazu wurde frisch gemolken, das Getreide frisch gestampft oder gemahlen. Bircher-Benner sah im Müsli eine Chance, die Menschen zu einer natürlichen Rohkostnahrung zurückzuführen und sie wieder das Kauen zu lehren.

Bei seinen Patienten hatte er mit dem Müsli sensationelle Erfolge. Vor allem Patienten mit Verdauungs-, Magen- und Darmerkrankungen reagierten positiv und wurden durch diese Kost gesund.

Bircher-Benner stand mit dieser Erfahrung und seiner Auffassung über Ernährung ganz im Gegensatz zu den wissenschaftlichen Ansichten seiner Zeit. Man darf nicht vergessen: Damals gab es die Lehre von den Vitaminen

noch nicht. Bircher-Benner griff also der Vitamin-Forschung, die erst kurz nachher begonnen hat, entscheidend vor, als er schrieb: »Bei Verwendung der pflanzlichen Nahrungsmittel, die der Sonnenbestrahlung ausgesetzt waren, soll die ganze Pflanze oder das ganze Pflanzenorgan gegessen werden, also die ganze Frucht samt Schale und Kerngehäuse, das ganze Samenkorn mit allen äußeren und inneren Schichten, die ganze Knolle mit Schale und Inhalt, weil alle zusammen eine vollwertige Einheit des Nahrungsmittels ausmachen.«

Die entscheidenden Ernährungsfehler und Krankheitsauslöser erkannte Dr. Bircher-Benner Jahre später in einem Mangel an Vitaminen, Mineralstoffen und Spurenelementen, im Überschuß an Kochsalz, Zucker, Säuren und Eiweiß, in der Verfälschung der Nahrung und Entwertung durch Kochen und Konservieren. Durch eine derartige Ernährung – so Bircher-Benner – komme es zu einer »trächtigen Gesundheit«. Das bedeutet: Unter dem Deckmantel einer scheinbaren Gesundheit bahnen sich verschiedene Krankheiten an.

Als Gegenmittel setzte er nun sein Müsli ein: eine rohe Pflanzenkost aus Körnern, Obst und Nüssen. Gleichzei-

tig aber lehnte er die ausschließliche Ernährung von Gesunden mit Rohkost ab. Zur Behebung von Krankheiten allerdings verordnete er den Patienten in seiner Klinik auf dem Zürichberg nichts als Müsli, und zwar dreimal am Tag.

Auch Bircher-Benners Söhne, Dr. Ralph Bircher und Dr. Franklin E. Bircher, haben in der Nachfolge ihres Vaters Wesentliches im Kampf gegen falsche, gesundheitsgefährdende Ernährung geleistet. –

Dr. Maximilian Oskar Bircher-Benner galt damals als Außenseiter, als er die Rohkostdiät als Heilbehandlung ein-

führte und das Müsli, die uralte Sennenkost, wieder in Erinnerung brachte. Heute hat das Müsli die ganze Welt erobert und behauptet einen festen Platz in der Ernährung von Millionen gesundheitsbewußter Menschen, deren Zahl täglich zunimmt. Das Müsli ist und bleibt eine wirkungsvolle Waffe gegen viele Zivilisationskrankheiten.

Ob in Tokio, New York, Rio de Janeiro oder Sidney, in Rom, Paris, München oder Wien: Überall kennt man das Müsli. In Italien heißt es »Dolce sorprese« und in England »Swiss musli«. Es ist überall beliebt und sicher die beste Frühstücksidee der Welt.

Das große
Müsli-Einmaleins

**Warum ist das Müsli
so gesund?**

Die moderne Ernährungswissenschaft beweist heute eindeutig, daß eine Müslimahlzeit sich optimal auf unseren Organismus auswirkt, sozusagen eine Vital-Bombe darstellt, die uns mit allem versorgt, was wir zum gesunden Funktionieren unseres Stoffwechsels brauchen.

– Mit dem Müsli bekommen wir zahlreiche Vitamine geliefert: B_1, B_2, B_6 und Niacin;

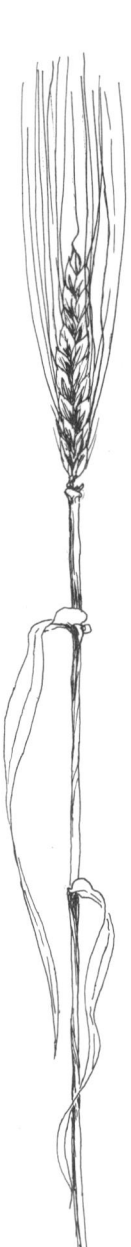

– ferner die Mineralstoffe und Spurenelemente Eisen, Kupfer, Magnesium, Mangan und Kalium;
– darüber hinaus die lebensnotwendigen Ballaststoffe, die der Körper für einen reibungslosen Ablauf der Verdauung benötigt.

Bei einer herkömmlichen Ernährung leiden viele, wie Untersuchungen immer wieder zeigen, an einer deutlichen Unterversorgung mit allen diesen Vitalstoffen, sind dafür aber überversorgt mit eiweißhaltigen Nahrungsmitteln, Kochsalz sowie weißem Industriezucker, die sich sämtlich höchst ungünstig auf unsere Organe auswirken.

Die im Müsli enthaltene Kombination von Getreide, Trockenobst, Frischobst, Nüssen und Milch versorgt unseren Organismus mit lebenswichtigen Baustoffen. Das Müsli ist gleichzeitig kohlenhydrat-, ballaststoff-, vitamin- und mineralstoffreich. Durch den hohen Sättigungsgrad, den es bewirkt, wird einem Überangebot an Kalorien automatisch vorgebeugt, vor allem, wenn es regelmäßig gegessen wird.

Wer spätestens im Alter von dreißig oder vierzig Jahren beginnt, regelmäßig – also einmal am Tag – ein Müsli zu konsumieren, der führt seinem Organismus enorme Kraft zu, die ihm bei der Abwehr von Krankheiten hilft und ein längeres und aktiveres Leben garantiert. Das heißt aber nicht, daß man nicht auch später noch zum Müsli-Esser werden kann. Selbst im hohen Alter kann das Allgemeinbefinden durch regelmäßiges Müsli-Essen verbessert, können gewisse Leiden gemildert werden.

Warum ist Müsli das ideale Frühstück?

Es hat seine bestimmten Gründe, daß Ernährungsexperten raten, das Müsli vor allem zum Frühstück zu essen. Das hängt mit der natürlichen Leistungskurve des Menschen zusammen. Die körperliche und geistige Leistungsbereitschaft unterliegt einem ganz bestimmten biologischen Tagesrhythmus, der charakteristische Extremwerte aufweist:
– Die meisten von uns erzielen ihre größte Leistung am frühen Vormittag.
– Am späten Vormittag beginnt die Leistungsbereitschaft bereits wieder zu sinken.
– Am Nachmittag geht die Kurve spürbar nach unten.
– Dann steigt sie bis zum frühen Abend noch einmal an, bevor die phy-

siologische Leistungsfähigkeit auf einen Tiefpunkt absinkt.

Das trifft mit wenigen Ausnahmen auf jeden Menschen zu.

Damit diese natürliche Leistungsbereitschaft des Körpers auch tatsächlich genutzt werden kann, ist eine ausreichende Energieversorgung Voraussetzung. Wenn wir beispielsweise das Frühstück weglassen oder nur »wertlose« Nahrung zu uns nehmen, sind wir nicht in der Lage, die Höchstwerte unserer Leistungskurve überhaupt zu erreichen. Die tatsächliche Leistungskurve verläuft dann flacher, das bedeutet, daß wir schneller müde werden und mangelnde Konzentrationsfähigkeit an den Tag legen.

Wenn wir aber besonders vitalstoffreich frühstücken, dann können wir damit unsere Leistungsspitze am Vormittag sogar noch verlängern und das Leistungstief um die Mittagszeit abschwächen. Das heißt: Mit dem Müsli verbessern wir unsere gesamte Tagesform.

Ich habe das selbst gemeinsam mit einem Freund einige Tage lang getestet. Mein Freund und ich, wir haben dieselbe Figur, dasselbe Körpergewicht und in etwa die gleiche Konstitution. Wir haben vier Tage hintereinander, wetterfest ausgerüstet und mit einem Rucksack, ganztägige Wanderungen durch den Wienerwald unternommen.

Am Morgen des ersten Tages setzten wir uns um 7 Uhr zum Frühstück. Mein Freund nahm eine Mahlzeit zu sich, wie sie in Hunderttausenden Familien üblich ist: Weißbrot, Butter, Marmelade, Kaffee, ein Ei. Ich mixte mir ein Müsli. Beide fühlten wir uns beim Aufbruch zur Wanderung kräftig und frisch.

Bei meinem Freund konnte ich etwas Interessantes beobachten: Die leeren Kohlenhydrate seines Frühstücks gingen bei ihm rasch ins Blut und bauten ihn auf. Zwei Stunden später aber zeigte er erste Ermüdungserscheinungen und bekam schon wieder Hunger. Ich aber marschierte munter weiter und fühlte mich kräftig und wohl. Von Hungergefühl keine Spur (das war die Wirkung des Müslis).

Am nächsten Tag wechselten wir: Ich nahm das übliche Frühstück, und mein Freund aß Müsli. Die Situation war nun umgekehrt: Mein Freund hielt wacker durch und zeigte nicht die geringsten Verschleißerscheinungen. Dafür mußte ich gegen elf Uhr passen und wieder etwas essen.

Wir spielten das vier Tage durch. Immer siegte das Müsli. Zwar steigt nach

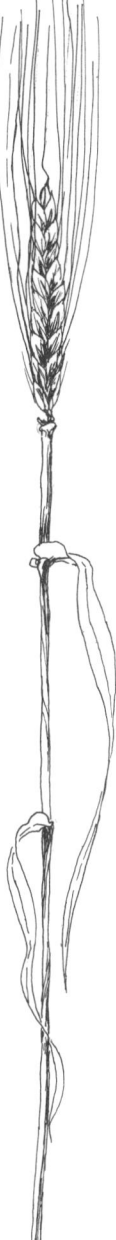

15

dem Müsli-Frühstück der Blutzucker-spiegel langsamer an, hält sich dafür aber mehrere Stunden auf einem günstigen Durchschnittswert.

Aus diesem Experiment geht eindeutig hervor, daß das Frühstück vollwertig sein muß. Wir haben unserem Organismus gegenüber die Verpflichtung, ihn am Morgen mit vollwertigem Eiweiß, wertvollen Fetten, natürlichen Süßstoffen, Vitaminen, Mineralstoffen und Fermenten zu versorgen.

Dem leider immer noch viel verbreiteten üblichen Frühstück fehlt das alles. Es ist nur eine stark säureüberschüssige Nahrung, die im Körper viel Schlacken erzeugt und lebensnotwendige Vitalstoffe vermissen läßt. Keines der Lebensmittel ist naturbelassen und vollkommen; vielleicht mit Ausnahme der Milch im Kaffee enthält es kein wertvolles Eiweiß, keine Frischkost.

Sie können meinen Wandertest selbst einmal machen und werden sicherlich zu demselben Ergebnis kommen. Spätestens dann werden Sie ans Müsli glauben.

Aus all dem ist zu ersehen, wie wichtig es ist, gerade zum Frühstück ein Müsli zu essen.

Die Hauptbestandteile des Müslis

Wer noch kein Müsli-Esser ist, fragt mit Recht: Was muß nun in einem Müsli alles enthalten sein, damit es auch wirklich als Vollwertnahrung gilt?

Das Müsli soll verschiedene Getreidesorten enthalten. Nur in Ausnahmefällen, z. B. bei speziellen Rezepten, sollte nur eine Sorte vertreten sein. Das ideale Müsli besteht aus fünf Kornarten: Weizen, Gerste, Hafer, Hirse und Roggen. Das natürliche, keimfähige Korn muß aus biologischem Anbau stammen, da es im Rohzustand verzehrt wird. Verwendet man für das Müsli diese fünf Kornarten in Form von Fertigflocken, dann sollten sie nach dem Kollath-Verfahren gewalzt sein, bei dem der Keim nicht zerstört wird. Sofern man das Getreide selbst schrotet, weicht man es am Abend vor der Zubereitung in etwas kaltem Wasser ein. Das Müsli wird nur mit Honig oder getrockneten Früchten wie Rosinen, gehackten Datteln, Feigen oder Aprikosen gesüßt.

– *Nüsse* gehören unbedingt in das Müsli.

– Nicht vergessen sollte man die Beigabe von etwas *Weizenkeimöl*.

– *Frische Früchte* der Jahreszeit machen das Müsli erst zu einem besonderen Leckerbissen.

– Das *Verhältnis der Zutaten* zueinander richtet sich nach dem jeweiligen Geschmack.

(Auf die gesundheitliche Bedeutung der einzelnen Zutaten wird im Folgenden noch eingegangen.)

Die richtige Flüssigkeit fürs Müsli

Zu den bereits erwähnten Hauptbestandteilen für ein Müsli gehört selbstverständlich auch noch die richtige Flüssigkeit. Die trockene Mischung aus Getreideschrot oder -flocken, getrockneten Früchten und Nüssen ist ohne Flüssigkeit nur als »Studentenfutter« zu bezeichnen, dessen Verzehr für zwischendurch gewiß nicht zu verachten und vom gesundheitlichen Standpunkt aus betrachtet jeder anderen Süßigkeit vorzuziehen ist.

Als Müsli-Flüssigkeiten bieten sich folgende Produkte an:

● **Milch** ist der beliebteste Begleiter. Besonders wertvoll ist Milch direkt vom Bauern, rohe Vorzugsmilch aus dem Reformhaus, bei der es sich um kontrollierte Vollmilch handelt, der weder Fett noch andere Stoffe entzogen wurden. Vorzugsmilch sollten Sie möglichst kalt unter die Müsli-Zutaten

mischen. Gleich ob Sie handelsübliche oder Vorzugsmilch verwenden, beim Erwärmen müssen Sie darauf achten, daß die Milch in keinem Fall zum Kochen kommt, da dadurch alle wertvollen Bestandteile in der Milch vernichtet werden. Im Sommer ist auch Buttermilch oder Dickmilch eine gute Alternative zu normaler Milch.

● **Naturjoghurt oder Kefir** – möglichst mit rechtsdrehender Milchsäure (achten Sie auf die Beschriftung L+) – wird von vielen als Müsli-Flüssigkeit bevorzugt, vor allen von jenen, die auf Milch allergisch reagieren oder nur eine natürliche Abneigung dagegen haben. Joghurt oder Kefir sind außerdem leicht verdaulich, ausgezeichnete Proteinspender, reich an Kalzium und in unterschiedlichen Fettstufen erhältlich. Vor allem für ältere Menschen ist Joghurt oder Kefir zu empfehlen, da sie die Verdauung anregen und sich bei Medikamentenkonsum günstig auf die Darmflora auswirken. Besonders zu empfehlen ist Bio-Joghurt aus dem Reformhaus, da er einen ganz speziellen Bakterienstamm aufweist, der sich besonders günstig auf den Magen-Darm-Trakt auswirkt.

● **Molke,** eigentlich ein Abfallprodukt, das bei der Milchgerinnung und Herstellung von Quark und Käse zu-

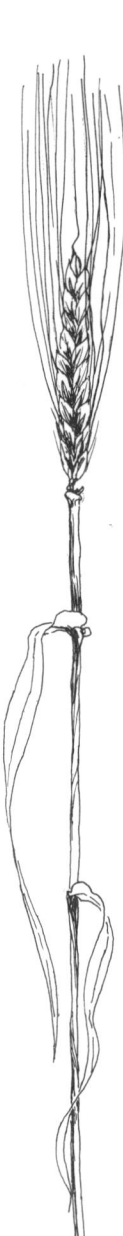

rückbleibt, ist eine gesunde und empfehlenswerte Flüssigkeit für das Müsli. Molke regt die Darmflora enorm an und unterbindet gefährliche Fäulnisbildung im Mastdarm, die auch Ursache bei der Krebsentstehung sein kann.

● **Mineralwasser oder Kräutertee** ist ebenfalls eine Alternative, vor allem für strenge Vegetarier und spartanische Müsli-Esser.

● **Obstsäfte,** die als Müsli-Flüssigkeit verwendet werden, sollten immer frisch gepreßt sein. Nur so enthalten sie die natürlichen Vitamine, mit denen das Müsli sinnvoll angereichert wird. Obstsäfte werden vor allem von Kindern als Müsli-Flüssigkeit bevorzugt.

Nehmen Sie so viel oder so wenig Flüssigkeit, wie es Ihrem persönlichen Geschmack entspricht. Der eine liebt einen dicken Brei, der andere bevorzugt eine »Müsli-Suppe«.
Hier gibt es vom Ernährungsstandpunkt her keine Vorschriften.
Wenn Sie Ihr Müsli kernig lieben, sollten Sie die Flüssigkeit erst kurz vor dem Essen zufügen, bevorzugen Sie eher eine weiche Konsistenz, gibt man die Flüssigkeit etwa 10 Minuten vorher zu und läßt das Ganze etwas durchziehen. Ob Sie »Sofort-« oder »Einweich-Esser« sind, ist vom Gesundheitlichen her ebenfalls unerheblich.

Im Mittelpunkt:
Das volle Getreidekorn
Der wichtigste Bestandteil des Müslis ist das volle, naturbelassene Getreidekorn. Sie können die Körner im ganzen verwenden (dann müssen sie ca. 8 Stunden oder über Nacht in klarem Wasser eingeweicht werden), in geschroteter Form dem Müsli beigeben oder in Form von fertiggekauften Kornflocken. Unerläßlich ist, daß das Getreide aus biologischem Anbau stammt und mit all seinen Randschichten und dem Keim verwendet wird. Durch regelmäßiges Müsli-Essen unter Verwendung des Getreidekorns versorgen wir unseren Körper mit hochwertigen Vitalstoffen und Energieträgern, die alle notwendigen Vitamine, Mineralstoffe und die für die Verdauung unentbehrliche Zellulose enthalten (siehe auch Seite 58: Umgang mit ganzen Getreidekörnern).
Durch den jahrzehntelangen Genuß von Produkten aus weißem Industrie-

mehl, dem die wertvollen Randschichten und Keime entzogen wurden, leiden viele Menschen unter einem permanenten Mangel an Vitaminen des B-Komplexes. Dieser Mangel, der im weiteren Verlauf viele Krankheiten auslösen kann, läßt sich durch Müsli-Essen beheben.

Das bestätigt wieder die Ansicht von Dr. Bircher-Benner: »Der Mensch nimmt nur dann wertvolles und gesundes Getreide zu sich, wenn es als Vollkornprodukt weitergegeben wird. Der Keim und die Randschichten sind für unser Leben wichtig!«

Und der Vollkornexperte Prof. Dr. Günter Werner Kollath schreibt: »Laßt doch auch die Getreide endlich wieder . . . so natürlich wie möglich!«

Das Müsli mit Vollkorn bewirkt Wesentliches für unsere Gesundheit:

– Es bewahrt uns vor Mangelerscheinungen – vor allem Vitaminmangel.

– Es läßt keine Gewebsaufschwemmungen zu bzw. vorhandene werden abgebaut.

– Es hilft, Schlacken im Körper abzutragen.

– Es verändert positiv den allgemeinen Funktionsablauf im Organismus und schafft optimale Stoffwechselbedingungen.

– Es unterstützt uns im Kampf gegen

sämtliche Stoffwechselerkrankungen und erhält uns daher dank des Vollkorns länger jung und aktiv.

Es ist kein Zufall, daß Ernährungsexperten raten, für das tägliche Müsli entweder fünf verschiedene Kornarten zu vermischen oder die einzelnen Sorten öfter zu wechseln. Weniger aus Geschmacksgründen ist dies anzuraten, als aus gesundheitlichen Erwägungen, die für unseren Organismus wichtig sind.

Die fünf wichtigsten Vollkornarten im Müsli sind Weizen, Gerste, Hafer, Roggen und Hirse. Sie erfüllen alle eine ganz spezielle Aufgabe und verändern nach jahrelanger falscher, gedankenloser Ernährung durch ihre gesunden Kräfte unser Leben!

● **Weizen** enthält im inneren Mehlkörper viele wertvolle Substanzen. Die meisten Mineralstoffe und Spurenelemente sind in den Randschichten und im Keim zu finden. Vollweizen im Müsli beugt Herz- und Kreislaufstö-

rungen vor, regt Geist und Körper an und ist besonders wichtig wegen seiner Vitamine B_1, B_2 und E, wegen seines Gehaltes an Eisen, Kalzium, Phosphor und Provitamin A.

● **Gerste** ist neben dem Weizen das älteste Getreide mit der kürzesten Vegetationszeit. Der ganze Mehlkörper ist reicher an Mineralstoffen als bei anderen Getreidearten. Durch das sinnvolle Zusammenspiel von Kohlenhydraten und Kieselsäure wirkt die Gerste besonders beruhigend auf das menschliche Nervensystem; auch Bindegewebsschwäche, Haltungsschäden und Bandscheibenschäden können durch jahrelangen regelmäßigen Müsli-Genuß mit Gerste verbessert werden. Vollgerste stärkt außerdem Darm und Lunge. Sie ist reich an Vitamin B_1 und B_2, Vitamin E, Niacin und Panthothensäure.

● **Hafer** ist im nördlichen Europa die beliebteste Körnerfrucht. Er wirkt stark belebend, erhöht die körperliche Kraft und die geistige Aufnahmefähigkeit. Hafer bringt auf wunderbare Weise einen gestörten Eiweiß-Stoffwechsel wieder ins Gleichgewicht; er ist reich an Kieselsäure, Spurenelementen und gut bei Magnesium- und Eiweiß-Mangel sowie Herz-Kreislauf-Leiden und Blutarmut. Hafer verfügt über reichlich Vitamin B und die Mineralstoffe Kalium, Kalzium, Magnesium, Eisen und Phosphor.

● **Roggen** ist das wichtigste heimische Brotgetreide. Der Mehlkörper ist dunkler als bei allen anderen Getreidearten. Roggen ist besonders nahrhaft, kräftigt den gesamten Organismus und erfordert eine starke Verdauungsleistung. Durch seinen hohen Kaliumgehalt unterstützt er besonders die Leberfunktion.

● **Hirse,** früher eine weitverbreitete Körnerfrucht, ist in Mitteleuropa fast in Vergessenheit geraten, da sie im Mittelalter eher als Arme-Leute-Essen galt. Hirse ist besonders wertvoll für den Säuremantel unserer Haut, der durch heutige Umweltbelastungen ohnehin sehr strapaziert wird. Hirse ist dank des hohen Gehalts an Kieselsäure dem Wachstum und der Schönheit unserer Haare, Finger- und Zehennägel besonders förderlich. Hautprobleme lassen sich durch die Zugabe von Hirse in das Müsli vermindern oder vermeiden. Hirse liefert außerdem viel Eisen, Magnesium, Phosphor und verschiedene Vitamine des B-Komplexes.

Jedes Korn hat also eine ganz bestimmte Funktion im Müsli und alle fünf Getreidearten zusammen sorgen für eine gesunde körperliche Harmonie.

20

Müsli-Experten, die mit diesen fünf Kornarten vertraut sind, verwenden außerdem weitere, nicht so gebräuchliche Getreidesorten für ihr Müsli:

● **Dinkel,** vielfach als *Grünkern* bekannt, wird in der Milchreife geerntet und auf Holzfeuer gedörrt und damit zu Grünkern. Grünkern schmeckt sehr pikant, regt die Verdauung an und enthält viel Phosphor und Eisen.

● **Buchweizen,** eigentlich ein Knöterichgewächs, dessen Früchte wie Bucheckern aussehen, muß etwas geschält und geschrotet und fürs Müsli eingeweicht werden. Buchweizen liefert die für den Organismus lebensnotwendige Aminosäure Lysin, die Vitamine B_1 und B_2, Eisen, Kalium und Kalzium. Ein Buchweizen-Müsli ist für Kinder, die an Eisenmangel leiden, besonders zu empfehlen.

Süße im Müsli
– aber die richtige!

Natürlicher Zucker entsteht aus dem Sonnenlicht im grünen Blatt der Pflanze oder in der Frucht. Er ist in vielen Früchten und im Honig enthalten. Aber selbst in dieser natürlichen Form sollte er nur in begrenzter Menge genossen werden. Was aber wäre ein Müsli ohne Süße! Allerdings darf es sich nur um naturbelassenen Zucker handeln, niemals um den gebräuchlichen denaturierten Industriezucker. Er ist kein *Leben*smittel!

Alle Industriezucker-Arten schaden unserem Körper, berauben ihn vieler wichtiger Vitamine.

Der Ernährungsmediziner Dr. M. O. Bruker betont: »Es ist von entscheidender Wichtigkeit, daß der chemische Abbau von Rohzucker und Traubenzucker nur möglich ist, wenn er gemeinsam mit fünf Vitaminen agieren kann, die zum Vitamin B-Komplex gehören. Es sind dies die Vitamine B_1, B_2, Nikotinsäure, Pantothensäure und B-Biotin.«

Bei der Verwertung des Zuckers in unserem Körper werden also Vitamine der Gruppe B benötigt. Industriezucker aber wurde bei seiner Herstellung gerade dieses wirkungsvollen Stoffes beraubt. Für die Verbrennung von 1 Kilo Zucker im Organismus werden 4,1 g Vitamin B_1 gebraucht. Da Industriezucker dieses B-Vitamin nicht selbst mitbringt, nimmt er es von unserem Körper. Er ist somit der gefährlichste Vitamin-B-Räuber.

Die unausbleibliche Folge: Wer viel Industriezucker zu sich nimmt, leidet unweigerlich an Vitamin-B-Mangel.

Dr. Bruker schildert es noch drastischer, wie schlimm weißer Zucker in

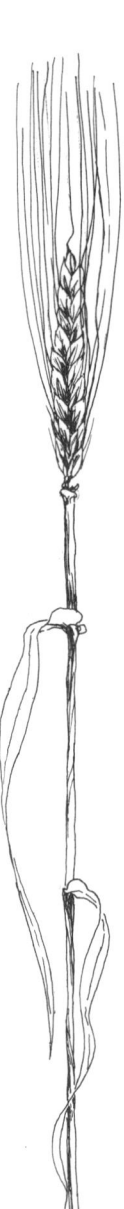

unseren Körperhaushalt eingreift: »Ganz besonders tiefgreifend sind oft die Schädigungen durch Zucker bei Kindern und Jugendlichen. Zu den direkten Störungen des Kalk- und Vitaminhaushaltes kommt noch der Teufelskreis dazu, daß beim Genuß von industriellem Zucker ein Heißhunger nach noch mehr Zucker entsteht, der nie aufhört. Daher halten wir mit Recht fest: Der industrielle Zucker ist für uns gefährlich.«

Im gesunden, vollwertigen Müsli hat dieser Zucker also nichts verloren – man muß es immer wieder betonen! Und auch andere Süßmittel – wie Honig, Trockenfrüchte oder frische süße Früchte – sind Vitamin-B-Verbraucher. Wir genießen sie also nur in Maßen.

Die richtige Süße für das Müsli
– Honig
– Birnendicksaft
– Trockenfrüchte
– Frische süße Früchte

● **Honig.** Schon in der Antike wurde Honig der »Nektar der Götter« genannt. Höhlenzeichnungen, Grabmalereien und Funde aus uralten Kulturepochen beweisen, daß es seit Beginn menschlichen Lebens auf der Erde Bienen und Honig gegeben hat. Seit Jahrtausenden gilt er als Symbol für Lebenskraft. In der Vollwertküche von heute ist Honig von entscheidender Bedeutung (siehe auch Seite 118).

Was steckt im Honig und was bewirkt er:
– Er enthält 38 Prozent Fruchtzucker und 31 Prozent Traubenzucker, und zwar in freier Form, gekoppelt mit Vitaminen, die für die Zuckerverwertung im Körper notwendig sind.
– Er enthält Mineralstoffe wie Kalium, Natrium, Kalzium, Magnesium, Phosphate, aber auch Spurenelemente wie Kupfer, Eisen, Mangan, Phosphor, Silizium, Schwefel und Titan.
– Er beinhaltet alle zehn lebensnotwendigen Aminosäuren.
– Er enthält Fermente, die Vitamine B, Biotin und etwas Vitamin C und geheimnisvolle Hormone und Bakterienbekämpfer.

Wer also sein Müsli mit Honig süßt, der verbessert damit automatisch sein Allgemeinbefinden, seine Durchhaltekraft und seine Abwehrfähigkeit gegenüber verschiedenen Krankheiten. Dazu kommt noch, daß Honig im Müsli den Verdauungstrakt nicht belastet und eine schonend abführende und regulierende Wirkung hat. Honig lindert Magen- und Darmbeschwerden, wirkt beruhigend auf nervöse Menschen. Außerdem sorgt Honig – abends in ein Müsli gerührt – für einen ruhigen und ungestörten Schlaf.

– Honig sorgt außerdem für bessere Durchblutung des Herzens und bekämpft Hautunreinheiten.

Dennoch gilt für den Honig dasselbe wie für alle guten Dinge: Nur mäßiger Genuß ist vollkommener Genuß!

Honigkauf – Vertrauenssache: Kaufen Sie für Ihr gesundes Müsli nur echten, heimischen Bienenhonig, der nie über 40 Grad erhitzt worden ist. Importierter Honig, der aus Gründen der internationalen Einfuhrhygiene erhitzt werden muß und meist auch aus verschiedenen Honigernten zusammengemischt wird, eignet sich nicht fürs Müsli. Am besten ist Honig, der direkt aus der Honigschleuder des Imkers kommt.

Guten Honig, der fest geworden ist, sich also nicht mehr ins Müsli rühren läßt, sollten Sie in ein Gefäß mit Wasser stellen, das nicht über 40 Grad Celsius erhitzt wurde. Oder stellen Sie das Honigglas auf die Zentralheizung und legen Sie ein feuchtes Tuch dazwischen. Oder aber Sie rühren fest gewordenen Honig in warme Milch und gießen diese an das Müsli.

Zwei weitere, sehr empfehlenswerte natürliche Süßungsmittel für das Müsli sind

● **Birnendicksaft**, der allerdings einen etwas stärkeren Eigengeschmack hat, an den man sich erst gewöhnen muß. Birnendicksaft ist auch für Diabetiker gut geeignet und in Reformhäusern und Naturkostläden erhältlich.

● **Trockenfrüchte** sind nicht nur zum Süßen geeignet, sondern in vielfacher Weise eine Bereicherung des täglichen Müslis. Auf ihre Bedeutung wird auf Seite 25 noch ausführlich eingegangen.

Darüber hinaus bietet sich noch

Ahornsirup zum Süßen des Müslis an, der allerdings nicht gerade billig ist. Honig aber ist und bleibt das klassische natürliche Süßmittel, das Sie bevorzugt verwenden sollten.

Nüsse im Müsli erleichtern das Denken

Auf die Beigabe von Nüssen an Ihr Müsli sollten Sie keinesfalls verzichten, denn sie versorgen unser Gehirn mit entsprechender Aufbau- und Kraftnahrung und wirken sich deshalb positiv auf die Konzentration aus.

Viele werden jetzt stöhnen: »Nüsse? – von denen wird man doch so dick!« Das stimmt nur bedingt. Sie machen nur dick, wenn wir sie in Riesenmengen als Nascherei zwischendurch oder vor dem Fernseher essen – nicht aber, wenn wir sie einmal am Tag mit unserem Müsli genießen. Sicherlich sind Nüsse, was ihren Kalorien- und Nährwert angeht, ganz schöne Dickmacher. In 100 g Haselnüssen stecken z. B.

680 Kalorien, 14 g Eiweiß, 12 g Kohlenhydrate und 61 g Fett. Dazu muß man aber wissen, daß es sich bei diesem Fett um ein besonders leicht verdauliches, hochwertiges Nußöl handelt, das im menschlichen Organismus nicht als Fett abgelagert wird. Im Gegenteil: Das in Nüssen enthaltene Öl hilft sogar beim Fettabbau im Körper. Das Eiweiß ist ebenfalls besonders hochwertig und frei von jeglichen Schlacken. Nüsse beinhalten außerdem wertvolle Mineralstoffe wie Kalium, Kalzium, Phosphor, Magnesium, Eisen, Fluor sowie die Vitamine der B-Gruppe, Vitamin E und Spurenelemente. Vitamin E bewirkt, wie wir heute wissen, daß der Alterungsprozeß des Menschen hinausgezögert wird und er vitaler bleibt. Ein Vergleich: In Nüssen ist 20mal soviel Vitamin E enthalten wie in Leber, 20mal soviel wie in Fisch und 7mal soviel wie in Eigelb. Hervorzuheben ist noch das in Nüssen enthaltene Phosphor, das sehr wertvoll ist für Nerven und Gehirn, sowie der Magnesiumgehalt, der unsere Immunabwehr stärkt. 100 g Nüsse versorgen uns mit 150 Milligramm Magnesium, in 100 g Vollkorn oder Vollreis sind dagegen nur 130 Milligramm enthalten.

Nüsse sollten immer besonders lange und gut gekaut werden – so tragen sie zusätzlich zu einer guten Darmfunktion bei.

Ein Tip für Mütter: Gerade für Schulkinder ist die Beigabe von Nüssen ans Müsli sehr zu empfehlen, da sie sich besonders positiv auf die Konzentrationsfähigkeit im Unterricht auswirken.

Trockenobst im Müsli

Beim Kauf von Trockenobst sollten Sie unbedingt nur zu ungeschwefelter, natürlich getrockneter Ware greifen. Gute Qualität ist in Reformhäusern und Bio-Läden erhältlich.

● **Rosinen im Müsli stärken unsere Spannkraft.** Fast jedes Müsli-Rezept enthält als Zutat Rosinen oder Korinthen. Gerade für Leute, die ihr Müsli nicht zusätzlich süßen wollen, sind diese Trockenfrüchte wertvoll, da das Müsli durch sie eine natürliche Süße erhält. Außerdem reichern wir mit gedörrten Weintrauben unser Müsli zusätzlich mit wertvollen Stoffen an.

Rosinen beliefern unseren Organismus reichlich mit den Vitaminen A, C, B_1 und B_2 sowie Niacin. Rosinen sind ballaststoffreich, sie säubern den Darm, regen die Verdauung und Nierentätigkeit an, bringen unsere Leber in Schwung, entschlacken und sind speziell im Alter ein wunderbares Kräftigungsmittel.

● **Dörrpflaumen im Müsli verjüngen den Darm.** Dörrpflaumen enthalten die Vitamine A, C, B_1, B_2 und B_6, außerdem fast alle Spurenelemente und Mineralstoffe. Zu viele Dörrpflaumen können allerdings Reizzustände im Magen und Darm auslösen, aber ein oder zwei in einer Müsliportion erhalten den Darm jung, regen Leber und Galle an und sorgen für eine reibungslose Verdauung. Empfehlenswert ist, die Pflaumen abends in etwas Wasser einzuweichen und in dieser Form morgens ins Müsli zu schneiden.

● **Datteln sind das Müsli-Juwel.** In ein optimal komponiertes Müsli gehören unbedingt zerkleinerte Datteln. Sie stillen auf ideale Weise das Bedürfnis nach Süße und helfen ausgesprochenen Naschfanatikern, sich den Griff nach Schokolade oder Bonbons abzugewöhnen.

Datteln enthalten hochwertigen Naturfruchtzucker, sie sind reich an Kalium,

25

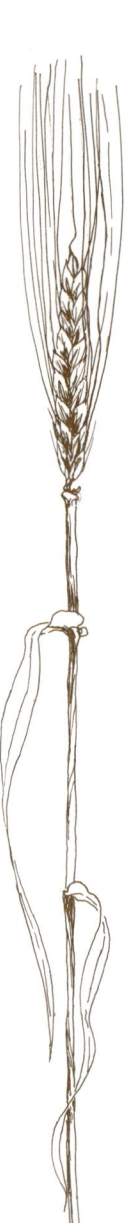

Magnesium, Kalzium, Phosphor, Eisen und Natrium, verfügen über die Vitamine B₁, B₂, A und C und enthalten hochwertiges Eiweiß. Datteln im morgendlichen Müsli sind tatsächlich ein Juwel, da die Fruchtmilch der Datteln ähnliche Inhaltsstoffe aufweist wie die Muttermilch und somit alle wichtigen Substanzen hat, die für den Aufbau des Organismus notwendig sind.

Gerade für ältere und schwache Menschen sind Datteln zur Kräftigung angebracht, ebenso für Kinder. Besonders gesund ist, wie wissenschaftlich errechnet, Datteln mit Nüssen, Mandeln und Feigen zu kombinieren.

Weizenkeimöl im Müsli beugt Herzinfarkt vor.

Weizenkeimöl ist besonders hochwertig durch seine hohen Vitamin-E-Gehalt und die mehrfach ungesättigten Fettsäuren. In der Menge Fett, die man täglich zu sich nehmen soll, müssen außer den gesättigten Fettsäuren genügend ungesättigte und mehrfach ungesättigte Fettsäuren enthalten sein. Letztere kann der Körper nicht selbst produzieren; sie werden ihm aber mit bestimmten Ölen – Distelöl, Leinöl, Weizenkeimöl, Maiskeimöl – zugeführt. Natürlich nur, wenn die Öle kaltgepreßt und nicht raffiniert sind.

Fette mit ungesättigten Fettsäuren, die aus Pflanzenfetten durch Kaltpressung gewonnen werden, sind vollkommen naturbelassen. Sie enthalten Linolsäure und ein Vitamin der Gruppe F, die nachweislich beide helfen, vorhandene schädliche Fettdepots im Körper abzubauen und abzuleiten und Giftreste aufgrund schlechter Ernährung wirkungslos zu machen. Mangel an ungesättigten Fettsäuren kann bei Kindern zu Wachstumsstörungen führen, bei Erwachsenen zu Hautkrankheiten sowie zu Herz- und Gefäßleiden, ausgelöst durch zu hohen Cholesterinspiegel.

Um diesen Leiden und vor allem der Gefahr eines Herzinfarktes vorzubeugen, genügt schon ein Teelöffel Weizenkeimöl, den Sie dem morgendlichen Müsli zufügen. Das stärkt die Herzkranzgefäße und kurbelt den Stoffwechsel an.

Kein Müsli ohne Äpfel

Der Apfel nimmt eine besondere Stellung unter den Obstsorten ein. Er bietet viele Vorteile für eine gesundheitsbewußte Ernährung, ist leicht verdaulich und das ganze Jahr über erhältlich. Menschen mit zuviel Magensäure sollten zu den süßen und mehligen, Menschen mit zu wenig Magensäure zu würzigen und säuerlichen Sorten greifen.

Äpfel enthalten die Vitamine B und C, sind reich an Spurenelementen und Mineralstoffen. Der täglich im Müsli gegessene Apfel stärkt unser Abwehrsystem gegen Krankheiten, beruhigt die Nerven und wirkt blutbildend. Er lindert in geriebenem Zustand Magenverstimmungen, regt die Darmfunktion an und durchblutet beim Kauen das Zahnfleisch.

»An apple a day keeps the doctor away!« (Der tägliche Apfel hält den Doktor fern!) – an dieses wahre englische Sprichwort sollte sich jeder Müsli-Esser halten.

Merksätze für Müsli-Fans

So ißt man Müsli richtig

Das Müsli ist so wertvoll für unseren Organismus, daß wir es nicht gedankenlos zu uns nehmen sollten. Erst dann wird es zur Vitalbombe für Körper, Seele und Geist.

– Essen Sie Ihr Müsli niemals hastig, schon gar nicht im Stehen.
– Bereiten Sie sich das Müsli selbst zu, am besten bei Tisch. Das Zusammenmischen der vollwertigen Produkte soll einer Zeremonie gleichen.

– Richten Sie Ihr Müsli in einem besonders schönen Teller oder in einer hübschen Glasschüssel an.
– Löffeln Sie langsam, genüßlich.
– Kauen Sie das Müsli lange und gut.
– Essen Sie es auf nüchternen Magen, in keinem Fall aber im Anschluß an denaturierte Speisen wie etwa ein Wurstbrötchen.
– Essen Sie zwei bis drei Stunden danach nichts Schweres, vor allem kein Fleisch.

Müsli-Tips für Anfänger

Müsli-Laien verfallen oft in den Fehler und mischen sich Riesenmengen von Müsli in einem großen Teller, die sie dann kaum bewältigen können oder die ihnen Magenbeschwerden verursachen. Dann hört man die Klage: »Ich vertrage kein Müsli. Es schmeckt mir nicht. Es macht zu dick!« Beginnen Sie also mit kleinen Mengen.

– Nehmen Sie anfangs weniger Getreide und dafür mehr frisches Obst, Trockenfrüchte und Nüsse, vor allem solche, die Sie ohnehin gern essen.
– Essen Sie Müsli nur dann, wenn Sie Hunger haben.

– Nehmen Sie sich Zeit zum Essen und halten Sie sich dabei deutlich vor Augen, wie gut diese Vitalstoffe Ihrem Körper und Ihrer Gesundheit tun.

– Essen Sie Müsli am Anfang möglichst nicht allein, sondern in Gesellschaft Gleichgesinnter. Dann macht es doppelt Spaß!

Müsli für unser tägliches gutes Gewissen

Essen ist sicher eines der schönsten Dinge im Leben, zugleich aber auch eine Lebensnotwendigkeit. Heute haben viele Menschen bei der Nahrungsaufnahme ein permanent schlechtes Gewissen, weil sie um ihre Gesundheit und ihre schlanke Linie fürchten.

Nicht so der regelmäßige Müsli-Esser: Selbst wenn er tagsüber beim Essen gesündigt hat, das tägliche vollwertige Müsli macht vieles wieder wett; es ist die Basis für eine gesunde, ausgewogene Ernährung. Wenn Sie erst einmal überzeugter Müsli-Fan sind, werden Sie automatisch keine allzu großen Ernährungsfehler mehr machen.

Das »Müsli-Einmaleins« sollte Sie davon überzeugen, daß das Müsli tatsächlich der erste und vielleicht der wichtigste Schritt zur Vollwerternährung ist.

Das Müsli
aus der »Konserve«

Müsli-Experten und Körndl-Profis rümpfen über die Fertigmüslis aus der Packung sicherlich die Nase.

Für Millionen Menschen sind Fertigmüslis aber der erste Schritt beim Umsteigen auf ein gesundes Frühstück! Und hat man sich erst einmal mit dem Müsli-Essen und den grundlegenden Regeln der Vollwertkost vertraut gemacht, wird man automatisch mit der Zeit zum selbstgeschroteten Müsli (siehe Seite 56) übergehen, und es bald ebenso selbstverständlich zubereiten wie ein Fertigmüsli.

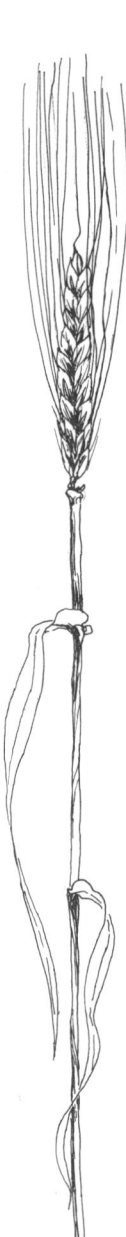

Die Hauptbestandteile eines Fertigmüslis

Fertigmüslis bestehen überwiegend – was die Zusammensetzung betrifft – aus Getreideflocken. Die Getreidekörner der jeweiligen Kornart werden unter Dampf erhitzt, dann gepreßt und getrocknet bzw. geröstet.

– Nicht alle gepreßten Getreidekörner sind noch wirklich wertvolle Nahrungsmittel. Das ganze Getreidekorn behält nach der Ernte nachweislich seine wertvollen Substanzen über mehrere Jahre, sofern es richtig gelagert wird. Wird das Korn beim Mahlen, Schroten und Pressen aufgebrochen, so verflüchtigen sich die wertvollen Vitalstoffe, und die Haltbarkeit ist nur noch begrenzt. Der international anerkannte Ernährungsforscher Prof. Dr. Günter Werner Kollath hat nach jahrelangen Versuchen ein nach ihm benanntes spezielles Verfahren entwickelt, bei dem die wichtigsten Wirkstoffe des Korns stabil bleiben und der Keim nicht zerstört wird. Diese epochale Erfindung ist für die Fertigmüsli-Hersteller und auch für den Müsli-Esser ungemein wertvoll gewesen. Jede Art der Verarbeitung des Getreides bedeutet selbstverständlich einen Vitaminverlust, der aber nicht so bedenklich ist. Dem Organismus werden noch genügend Vitalstoffe zugeführt.

Die meisten Fertigmüslis enthalten neben Getreideflocken:

● Leinsamen
● Sesam
● Kokosraspeln
● Sonnenblumenkerne (ganz oder kleingehackt)
● Haselnüsse, Walnüsse, Mandeln (ganz oder kleingehackt)
● Rosinen oder Korinthen
● Bananenstückchen (getrocknet)

Über den Wert von Nüssen und Trockenfrüchten können Sie auf Seite 24 nachlesen. Nun zu den anderen Bestandteilen im Fertigmüsli:

Leinsamen macht Schluß mit Verstopfung

Leinsamen sind die flachen, braunen Samen des echten Leins, auch Flachs genannt. Die Samen werden getrocknet verwendet oder frisch zu Speiseöl verarbeitet. Die Heilige Hildegardis von Bingen erwähnte Leinsamen bereits im 12. Jahrhundert und nannte ihn das »sanfte Abführmittel«. Regelmäßiger Genuß von Leinsamen bewahrt vor Verstopfung, in geschrotetem Zustand hilft er etwaigen Magen- und Darmentzündungen vorzubeugen. Seine positive Wirkung gegen Obstipation wird durch die Schleimbildung bei der Verdauung hervorgerufen.

Vorsicht: Bei Darmverschluß oder Verdacht darauf darf Leinsamen nicht konsumiert werden. Eine Überdosierung von Leinsamen ist generell nicht anzuraten; bei entzündlichen Darmerkrankungen sollte er nur ausgequollen genossen werden.

Ist also in einem Fertigmüsli Leinsamen schon beigemischt, sollten Sie auf eine zusätzliche Leinsamengabe besser verzichten.

Sesam verwöhnt unsere Leber

Sesam ist eine subtropische Pflanze. Die braunschwarzen oder rötlichen Samen wirken leicht abführend und unterstützen die Arbeit der Leber. Sie sorgen also für eine funktionierende Verdauung. Um die einzelnen Bestandteile der Sesamsamen gesundheitlich voll zu nützen, müssen sie ganz besonders intensiv gekaut werden. Der nußartige Geschmack von Sesam harmoniert besonders gut mit Heidelbeeren im Müsli.

Kokosnuß entgiftet den Darm

Kokosraspel sind sehr gesund für die Leber und den Darm. Sie entgiften den Darm und können ihn sogar von Parasiten und Würmern befreien. Kokosstückchen müssen ebenfalls sehr gut gekaut werden. Im Müsli ergänzen sich Kokosraspeln gut mit frischen Beerenfrüchten.

Sonnenblumenkerne helfen Leber, Magen und Darm

In orientalischen Ländern, bei den Arabern und Indern, sind Sonnenblumenkerne für viele Menschen eine wertvolle Eiweißquelle. Bei uns gelten sie leider immer noch als »Vogelfutter«, dabei liefern sie ungesättigte und mehrfach ungesättigte Fettsäuren, über die sich Leber, Magen und Darm freuen. Durch den hohen Fettgehalt werden sie schnell ranzig, müssen also baldmöglichst verbraucht werden.

Fertigmüsli ist nicht gleich Fertigmüsli

Achten Sie beim Kauf von Fertigmüslis auf folgende Kriterien:

– Besonders preisgünstige Angebote sollten kritisch unter die Lupe genommen werden. Mitunter sind gerade »Sonderangebote« in den Supermärkten nichts anderes als – »gezuckerte Haferflocken«. Vor dem Kauf immer genau die Packungsaufschrift lesen, ob auch wirklich verschiedene Getreidesorten zusammengemischt sind.

– Grundsätzlich nur Fertigmüslis kaufen, die keinen weißen Industriezucker enthalten.

Am besten ungezuckerte oder nur Fertigmüslis wählen, die mit Fruchtzucker gesüßt sind. Fruchtzucker hat eine höhere Süßkraft als herkömmlicher weißer Zucker und deshalb einen geringeren Kaloriengehalt. Mit Fruchtzucker gesüßte Müslis sind auch für Diabetiker geeignet.

– Am besten nur Fertigmüslis kaufen, die mit Honig gesüßt sind oder süße Trockenfrüchte als Süßungsmittel enthalten.

– Immer genau die Zutatenliste sowie das Verfalldatum beachten. Die Bestandteile des Müslis müssen nämlich in absteigender Reihenfolge gemäß ihrem mengenmäßigen Zusatz oder nach ihrer gesundheitlichen Bedeutung angeführt sein. Wenn Zucker beispielsweise an zweiter Stelle auf der Fertigmüslipackung steht, heißt das,

daß er mengenmäßig den zweitgrößten Anteil am Müsli hat.

– Fertigmüslis unterliegen selbstverständlich den allgemeinen lebensmittelrechtlichen Vorschriften. Leider noch nicht gesetzlich geregelt ist, was in einem Müsli überhaupt enthalten oder nicht enthalten sein darf. Ist ein Fertigmüsli als »Früchtemüsli« bezeichnet, dann müssen auch in deutlich sichtbarer und spürbarer Form Früchte darin enthalten sein. Allerdings kann der Hersteller den fruchtigen Geschmack noch durch natürliche oder künstliche Aromastoffe unterstützen. Dies muß aber auf der Packung angegeben sein.

– Das Getreide sollte grundsätzlich aus kontrolliertem biologischem Anbau stammen. Auch das muß auf der Packung angegeben sein. Biologisch angebautes Getreide ist deshalb so wichtig, weil es im Müsli roh verwendet wird und deshalb unbedingt frei von Pflanzenschutzmitteln und allzu großer Schwermetallbelastung sein sollte. Ist auf der Fertigmüslipackung

Romantik, die der Vergangenheit angehört: Das alte Mühlrad
Folgende Seite: Vollgetreide – wichtigste Müslizutat

Echter Blütenhonig

nicht angegeben, daß das Getreide aus biologischem Anbau stammt, kann es sich nur um »konventionell angebautes« handeln; aus gesundheitlichen Gründen sollten Sie dann besser die Finger davon lassen. Verantwortungsvolle Müsli-Erzeuger führen besonders bei importierten Getreidesorten Eingangskontrollen auf Schwermetalle und Rückstände von Pflanzenschutzmitteln durch.

– Rosinen- und andere Trockenfrüchte – oft ein wesentlicher Bestandteil des Müslis – sollten ebenfalls aus biologischem Anbau stammen, zumindest aber nicht geschwefelt oder begast worden sein. Auch das muß auf der Packung vermerkt sein.

– Achten Sie auch auf das Haltbarkeits- oder Verfalldatum. Gerade bei hauseigenen Fertigmischungen, die in Reformhäusern angeboten werden, fehlt es oft. Solche Mischungen haben oft einen muffigen oder schalen Geschmack (vor allem wegen der möglicherweise ranzigen Nüsse).

Müsli mit frischen Früchten und Naturjoghurt
Vorhergehende Seite: Bester Honig ist gerade gut genug für das morgendliche Müsli

So sollte ein gutes Müsli schmecken

Auch ein Fertigmüsli muß also aus erstklassigen, qualitativ hochwertigen Produkten bestehen. Nur dann schmeckt es und ist aus gesundheitlichen und ernährungswissenschaftlichen Gründen zu empfehlen. Ranzig schmeckende, wertgeminderte Ware sollten Sie unbedingt beim Hersteller beanstanden, selbst wenn sie nach dem Lebensmittelrecht noch nicht als verdorben gilt.

– Bei einem Fertigmüsli guter Qualität muß der Getreidegeschmack deutlich hervortreten. Die Getreideflocken dürfen nicht überröstet schmecken, aber auch nicht an vollkommen rohes Mehl erinnern. In beiden Fällen wäre eine schlechtere organische Verwertbarkeit und Verdaulichkeit die Folge. Beigemischte Geschmackskomponenten – beispielsweise Trockenfrüchte oder Nüsse – müssen deutlich spürbar sein und ein volles Aroma beim Verzehren abgeben.

So soll das Fertigmüsli verpackt sein

Beim Fertigmüsli kommt es nicht nur auf eine vollwertige Mischung an, sondern auch auf eine sorgfältige, optimale Verpackung. Die wertvollen Inhalts-

stoffe des Müslis, wie die wichtigen Vitamine und ungesättigte Fettsäuren, sind überaus licht- und sauerstoffempfindlich.

– In *Papiertüten* abgepackte Müslis lassen sich darin nicht sehr lange lagern. Die Inhaltsstoffe sind einem raschen Verschleiß ausgesetzt.

– In *Cellophan* abgepackte Müslizutaten sind nicht genügend lichtgeschützt. Papier- und Cellophantüten sind nur dann akzeptabel, wenn das Müsli nachweislich rasch an den Konsumenten kommt und ebenso rasch verbraucht wird.

– Als verläßlichste Verpackung für Fertigmüsli hat sich in den letzten Jahren die *Aluminiumverbundfolie* erwiesen. Das heißt: in der Kartonverpackung steckt der Aluminiumbeutel, und da drinnen befindet sich die Müslimischung. Aluminium hält Lichteinfall und kurzwellige Strahlung ab, das Getreide kann von außen keine Feuchtigkeit aufnehmen, was bei ungünstigen Lagerbedingungen eine deutliche Qualitätsverschlechterung bedeuten würde.

Müsli in Aluminiumverpackung hält sich lange frisch; diese Folie ist gesundheitlich bedenkenlos, da es sich beim Müsli um einen trockenen Inhalt handelt.

Die gebräuchlichsten Fertigmüslis

● **Fruchtmüsli,** bei dem der Fruchtgeschmack über den Getreidegeschmack dominiert. Es wird besonders von Kindern und Müsli-Neulingen gerne gegessen.

● **Müslis mit hohem Ballaststoffanteil** sind wertvoll für alle, die sich sonst eher ballaststoffarm ernähren. Diese Müslis haben einen hohen Anteil an Kleie und Leinsamen, die bewirken, daß die Verdauung wieder in Schwung kommt.

● **Knusper-Müslis,** die vor allem dem modernen Konsumentengeschmack angepaßt sind, enthalten vorwiegend Getreidekohlenhydrate aus Cornflakes oder Reis-Crispies, die keine vollwertigen Nahrungsmittel mehr darstellen. Diese Art von Fertigmüsli sollten Sie besser meiden.

Zusammenfassend kann man guten Gewissens sagen, daß ein Fertigmüsli von guter Qualität zwar noch kein vollwertiger Ersatz für ein selbstkomponiertes Müsli mit frisch geschrotetem Getreide darstellt, aber dem üblichen Frühstück mit Kaffee, Weißmehlsemmel mit Marmelade oder Wurst haushoch überlegen ist. Auch das Fertigmüsli sorgt für einen reibungslosen Stoffwechsel und beliefert unseren

Organismus mit wichtigen Aufbau-stoffen.

Tip: Probieren Sie verschiedene Pro-dukte von verschiedenen guten Her-stellerfirmen aus, bis Sie die für Sie ideale Mischung gefunden haben, die Ihnen gut schmeckt und gut bekommt. Wechseln Sie die Müslisorten häufiger, damit Sie sich nicht an einer Sorte sattessen und damit die Lust am Müsli-Essen verlieren. Und schlagen Sie bald das Kapitel »Das Müsli aus der eigenen Mühle« auf – vielleicht sind Sie schon vom Müsli so überzeugt, daß Sie sofort mit einer eigenen Kreation beginnen wollen.

Rezepte mit Fertigmüsli-Mischungen

Schnelles Müsli mit Milch

Zutaten für 1 Person
3 bis 5 Eßlöffel Fertigmüsli aus der Packung
etwa ⅛ l Milch
Zubereitung
Die Fertigmüslimischung auf einen tiefen Teller oder in eine Dessertscha-le geben. Die Milch erwärmen und über die Müslimischung gießen. Alles gut verrühren, und schon können Sie Ihr Müsli löffeln.

Joghurt-Müsli

Zutaten für 1 Person
3 bis 5 Eßlöffel Fertigmüsli aus der Packung
1 Becher Naturjoghurt, Bio-Joghurt oder Kefir
Zubereitung
Die Müslimischung auf einen tiefen Teller oder in eine Dessertschale ge-ben und den Joghurt oder Kefir dar-über gießen. Gründlich umrühren, das Müsli langsam löffeln.

Obstsaft-Müsli

Zutaten für 1 Person
3 bis 5 Eßlöffel Fertigmüsli aus der Packung
etwa ⅛ l frisch gepreßter Obstsaft nach Wahl
Zubereitung
Die Müslimischung auf einen tiefen Teller oder eine Dessertschale geben und den Obstsaft darüber gießen. Um-rühren und das Müsli genießen.

Ratschläge für die richtigen Obstsäfte: Gerade für ein Fertigmüsli sollten Sie möglichst frische Obstsäfte verwenden. In Reformhäusern werden heute zwar Säfte von sehr guter Qualität angeboten, allerdings müssen auch diese haltbar gemacht werden und verlieren dabei an Vitalstoffen. Sie sind daher nicht so empfehlenswert wie frisch gepreßte Säfte. Es ist also besser, frisches Obst zu verwenden und mit der Obstpresse oder dem Entsafter auszupressen. Der Dampfentsafter ist dafür nicht geeignet, das Obst muß auf kaltem Weg für das Müsli entsaftet werden. Frisch gepreßter Saft aus Äpfeln, Birnen oder Trauben soll immer ungezuckert mit den Müslizutaten vermischt werden.

Ganz besonders schmackhaft zur Aufbesserung eines Fertigmüslis sind folgende frische Obstsaft-Mischungen:

- Apfelsaft mit Brombeersaft
- Erdbeersaft mit Rhabarbersaft
- Birnensaft mit Schlehensaft
- Melonensaft mit etwas Zitronensaft
- Himbeersaft mit rotem Johannisbeersaft
- Kirschsaft mit Holundersaft

Bananenmilch-Müsli

Zutaten für 1 Person

3 bis 5 Eßlöffel Fertigmüsli aus der Packung

¼ l Milch

½ Banane

1 Teelöffel Sojamilchpulver

Zubereitung

Das Fertigmüsli in einen tiefen Teller oder in eine Schale geben. Milch, Banane und das Sojamilchpulver im elektrischen Mixer auf höchster Stufe schaumig verquirlen; Sie können auch warme Milch verwenden. Dann die Bananen-Milch mit den Müslizutaten verrühren und das Müsli sofort essen. Sollte Ihnen die Flüssigkeit zuviel erscheinen, nehmen Sie einfach weniger und trinken den Rest separat.

Himbeermilch-Müsli

Zutaten für 1 Person

3 bis 5 Eßlöffel Müsli aus der Packung

2 Eßlöffel frische Himbeeren

⅛ bis ¼ l Milch

1 Teelöffel süßer Rahm

Zubereitung

Die Müslimischung in einen tiefen Teller oder in eine Schale geben. Die verlesenen, gewaschenen Himbeeren mit Milch und Sahne im Mixer verquirlen und die aromatische Flüssigkeit mit den Müslizutaten verrühren.

Hagebutten-Müsli

Zutaten für 1 Person
3 bis 5 Eßlöffel Fertigmüsli aus der Packung
⅛ bis ¼ l Milch
2 Eßlöffel Hagebuttenmark (aus dem Reformladen)
1 Eßlöffel Honig
Zubereitung
Das Fertigmüsli in einen tiefen Teller oder in eine Schale geben. Im elektrischen Mixer das Hagebuttenmark mit Milch und Honig verquirlen und dann übers Fertigmüsli gießen. Alles gut vermischen.

Cashewnuß-Müsli

Zutaten für 1 Person
3 bis 5 Eßlöffel Fertigmüsli aus der Packung
⅛ bis ¼ l Milch
1 Eßlöffel Cashewnußmus
1 Eßlöffel Sanddornsaft (beides aus dem Reformladen)
Zubereitung
Das Fertigmüsli in einen tiefen Teller oder in eine Schale geben. Milch mit Cashewnußmus und Sanddornsaft verquirlen. Die köstliche Flüssigkeit gut mit den Müslizutaten verrühren.

Erdbeermilch-Müsli

Zutaten für 1 Person
3 bis 5 Eßlöffel Fertigmüsli aus der Packung
⅛ l Milch
50 g frische Erdbeeren
½ Teelöffel Honig
Vanillemark nach Geschmack
Zubereitung
Die Müsli-Menge in einen tiefen Teller oder in eine Schale geben. Erdbeeren waschen und putzen, im elektrischen Mixer auf höchster Stufe mit Milch, Honig und Vanillemark vermischen. Die Milch mit den Müslizutaten verrühren.

Nußmilch-Müsli

Zutaten für 1 Person
3 bis 5 Eßlöffel Fertigmüsli aus der Packung
⅛ l Milch
1 Eßlöffel Nußmus (aus dem Reformhaus)
1 Eßlöffel Sojamilchpulver
Zubereitung
Das Fertigmüsli in einen tiefen Teller oder in eine Schale geben. Milch mit Nußmus und Sojamilchpulver im elektrischen Mixer verrühren und die Flüssigkeit – entweder kalt oder leicht erwärmt – mit den Müslizutaten vermischen.

Mandelmilch-Müsli
Zutaten für 1 Person
3 bis 4 Eßlöffel Fertigmüsli aus der
Packung
⅛ l Milch
½ Eßlöffel Honig
1 Eßlöffel Mandelmus (aus dem Re-
formhaus)
1 Eßlöffel süßer Rahm
Zubereitung
Das Fertigmüsli in einen tiefen Teller
oder in eine Schale geben. Milch, Mandelmus, Honig und Rahm im elektrischen Mixer gut verquirlen und die
Flüssigkeit mit den Müslizutaten mischen.

Kirschmilch-Müsli
Zutaten für 1 Person
3 bis 5 Eßlöffel Fertigmüsli aus der
Packung
⅛ l Milch
50 g Kirschen
1 Teelöffel Honig
etwas geriebene Schale einer unge-
spritzten Zitrone
Zubereitung
Das Fertigmüsli in einen tiefen Teller
oder in eine Schale geben. Milch mit
entsteinten, gewaschenen Kirschen,
Honig und Zitronenschale im Mixer
verquirlen. Die Flüssigkeit über die
Müslimischung gießen, umrühren und

bis zum Verzehr ca. 10 Minuten stehen
und einwirken lassen.

Vital-Müsli
Zutaten für 1 Person
3 bis 5 Eßlöffel Fertigmüsli aus der
Packung
⅛ bis ¼ l Milch
1 Eßlöffel Sojamilchpulver
1 Teelöffel Honig
1 Teelöffel Rohrzuckermelasse
Zubereitung
Die Müslimischung in einen tiefen Teller oder in eine Schale geben. Im elektrischen Mixer bei höchster Stufe
Milch, Sojamilchpulver, Honig und
Rohrzuckermelasse verquirlen. Die
Flüssigkeit kalt oder leicht erwärmt
mit den Müslizutaten vermischen.

Kaffee-Müsli
Zugegeben, Kaffeepulver ist nicht ge-
rade die ideale Beigabe zum Müsli.
Aber vielen Kaffee-Fans fällt es schwer,

von ihrem Lieblingsgetränk loszukommen. Mit diesem Trick sind sie vielleicht fürs Müsli-Essen zu gewinnen.

Zutaten für 1 Person
3 bis 5 Eßlöffel Fertigmüsli aus der Packung
⅛ bis ¼ l Milch
1 Eßlöffel süßer Rahm
2 Teelöffel Honig
1 Teelöffel lösliches Kaffeepulver
Zubereitung
Müslimischung aus der Packung in einen tiefen Teller oder in eine Schale geben. Milch, Rahm, Honig und Kaffeepulver im elektrischen Mixer verquirlen oder das Kaffeepulver erst in warmer oder kalter Milch auflösen und dann mit den übrigen Zutaten mischen. Die Flüssigkeit übers Müsli gießen und verrühren.

Sanddorn-Müsli

Zutaten für 1 Person
3 bis 5 Eßlöffel Fertigmüsli aus der Packung
⅛ bis ¼ l Milch
1 Eßlöffel Sanddornsaft (aus dem Reformhaus)
1 Teelöffel Honig
Zubereitung
Das Fertigmüsli in einen tiefen Teller oder in eine Schale geben. Milch (warm oder kalt) mit Sanddornsaft

und Honig im Mixer bei höchster Stufe verquirlen und die Flüssigkeit über die Getreidemischung gießen.

Morgen-Elixier-Müsli

Banane und Sojamilchpulver geben dem Organismus am Morgen besonders viel Kraft und Schwung.

Zutaten für 1 Person
⅛ bis ¼ l Milch
1 Teelöffel Sojamilchpulver
1 Teelöffel Sanddornsaft (aus dem Reformhaus)
½ Banane
3 bis 5 Eßlöffel Fertigmüsli aus der Packung
Zubereitung
Im elektrischen Mixer Milch mit Sanddornsaft, Sojamilchpulver und die Banane auf höchster Stufe gründlich vermischen. Den Krafttrunk über die angerichtete Getreidemischung gießen.

Zitronenmilch-Müsli

Zutaten für 1 Person
3 bis 5 Eßlöffel Fertigmüsli aus der Packung
⅛ bis ¼ l Milch
Schale einer ungespritzten Zitrone
2 Teelöffel Honig
Zubereitung
Das Fertigmüsli in einen tiefen Teller oder in eine Schale geben. Zitrone

waschen, abtrocknen und schälen. Die Schale in die Milch geben und auf kleinster Flamme darin 10 Minuten ziehen lassen. Milch abkühlen lassen, dann die Zitronenschale herausnehmen, den Honig dazugeben und die Flüssigkeit über die Müslimischung gießen.

Aprikosen-Müsli

Zutaten für 1 Person
⅛ bis ¼ l Milch
3 bis 5 Eßlöffel Fertigmüsli aus der Packung
2 Aprikosen
1 Teelöffel Honig
etwas süßer Rahm
Zubereitung
Das Fertigmüsli in einen tiefen Teller oder in eine Schale geben. Milch, gewaschene und entsteinte Aprikosen, Honig und Rahm im Mixer auf höchster Stufe verquirlen. Die Flüssigkeit über die Müslimischung gießen. Sollten Sie Gewichtsprobleme haben, den Rahm besser weglassen.

Honig-Melonen-Ei-Müsli

Zutaten für 1 Person
3 bis 5 Eßlöffel Fertigmüsli aus der Packung
⅛ bis ¼ l Milch
1 Eßlöffel Sanddornsaft

40 bis 50 g Melonenfruchtfleisch
1 Eigelb
Zubereitung
Das Fertigmüsli in einen tiefen Teller oder in eine Schale geben. Im elektrischen Mixer Milch, Sanddornsaft, Melonenfleisch und das Eigelb gründlich mischen. Die Flüssigkeit kräftig mit den Müslizutaten verrühren. Sofort essen.

Ananas-Ei-Müsli

Zutaten für 1 Person
3 bis 5 Eßlöffel Fertigmüsli aus der Packung
⅛ bis ¼ l Milch
3 Eßlöffel frisches Ananasfruchtfleisch
1 Teelöffel Honig
1 Ei
Zubereitung
Das Fertigmüsli in einen tiefen Teller oder in eine Schale geben. Milch, Ananasfruchtfleisch, Honig und das rohe Ei kräftig im Mixer verquirlen. Die Flüssigkeit mit dem Fertigmüsli verrühren.

Weizenkeim-Joghurt-Müsli

Zutaten für 1 Person
3 bis 5 Eßlöffel Fertigmüsli aus der Packung
1 bis 2 Eßlöffel Weizenkeime
⅛ l Joghurt oder Bio-Joghurt

1 Eßlöffel Magerquark
1 Eßlöffel Bierhefe (aus dem Reformhaus)
1 Eßlöffel Sauerrahm
Zubereitung
Das Fertigmüsli in einen tiefen Teller
oder in eine Schale geben. Weizenkeime, Joghurt, Quark, Bierhefe und Sauerrahm auf höchster Stufe im elektrischen Mixer verquirlen. Die Flüssigkeit mit den Müslizutaten vermischen.
Dieses Müsli ist besonders kräftigend
durch seinen hohen Gehalt an Vitamin B.

Sanddorn-Joghurt-Müsli

Zutaten für 1 Person
3 bis 5 Eßlöffel Fertigmüsli aus der
Packung
1 Becher Joghurt oder Bio-Joghurt
(eventuell etwas mehr)
2 Teelöffel Sanddornsaft (aus dem Reformhaus)
1 Teelöffel Honig
1 Eßlöffel getrocknete Pflaumen
Zubereitung
Das Fertigmüsli in einen tiefen Teller
oder in eine Schale geben. Joghurt mit
Sanddornsaft, Honig und den kleinge-
hackten Trockenfrüchten vermischen
und die Flüssigkeit über das Fertigmüsli gießen. Wichtig ist, daß Sie die
Trockenpflaumen gut kauen.

Honig-Joghurt-Müsli

Zutaten für 1 Person
3 bis 5 Eßlöffel Fertigmüsli aus der
Packung
1 Becher Joghurt oder Kefir
2 Teelöffel Honig
1 Teelöffel frischgepreßter Zitronensaft
Zubereitung
Das Fertigmüsli in einen tiefen Teller
oder in eine Schale geben. Joghurt,
Honig und Zitronensaft verrühren und
mit den Müslizutaten mischen.

Malz-Joghurt-Müsli

Zutaten für 1 Person
3 bis 5 Eßlöffel Fertigmüsli aus der
Packung
1 Becher Joghurt oder Kefir
1 Eßlöffel Sanddornsaft
1 Eßlöffel Malzextrakt (beides aus dem
Reformhaus)
Zubereitung
Das Fertigmüsli in einen Teller geben,
alle anderen Zutaten verquirlen und
mit der Müslimischung verrühren.

Wenn Sie aus Zeitgründen mal vergessen haben, Milch, Joghurt oder Obstsaft zum »Aufpolieren« Ihres Fertig-

müslis zu besorgen, versuchen Sie es doch mal mit einem würzigen Kräutertee. Sie werden feststellen, daß das eine sehr gute alternative Müsli-Flüssigkeit ist.

Natürlich ist nicht jede Teesorte dafür geeignet, schon gar nicht ein Tee aus einem Teebeutel. Besorgen Sie sich einen kleinen Tee-Vorrat im Reformhaus oder im Naturkostladen, die ausgezeichnete Teekräuter und -mischungen führen. Besonders gut schmeckt Tee aus Brombeerblättern, Malvenblättern, Hagebutte usw. Lassen Sie sich von den folgenden Rezepten animieren.

Brombeertee-Müsli

Zutaten für 1 Person
3 bis 5 Eßlöffel Fertigmüsli aus der Packung
1 Teelöffel Brombeerblätter
1 Tasse sprudelnd kochendes Wasser
Honig nach Geschmack
Zubereitung

Das Fertigmüsli in einen tiefen Teller oder in eine Schale geben. Brombeerblätter mit kochendem Wasser übergießen, den Tee 10 Minuten ziehen lassen, dann durchseihen und abkühlen lassen. Tee mit Honig süßen und über die Müslizutaten gießen. Gut umrühren.

Malventee-Müsli

Zutaten für 1 Person
3 bis 5 Eßlöffel Fertigmüsli aus der Packung
2 Teelöffel Malvenblüten und -blätter
1 Tasse sprudelnd kochendes Wasser
Honig nach Geschmack
Zubereitung

Das Fertigmüsli in einen tiefen Teller oder in eine Schale geben. Malvenblüten und -blätter mit dem kochenden Wasser überbrühen. Tee 10 Minuten ziehen lassen, dann durchseihen. Abgekühlten Tee mit Honig süßen und mit den Müslizutaten vermischen.

Früchtetee-Müsli

Zutaten für 1 Person
3 bis 5 Eßlöffel Fertigmüsli aus der Packung
1 Teelöffel Früchtetee-Mischung (z. B. Malve, Hagebutte, Apfelschale, Zitronenschale)
1 Tasse sprudelnd kochendes Wasser
etwas Honig
Zubereitung

Das Fertigmüsli in einen tiefen Teller oder in eine Schale geben. Früchtetee-Mischung (die oben angegebene gibt es bereits fertig gemischt im Reformhaus oder Naturkostladen) mit kochendem Wasser überbrühen. Tee 10 Minuten ziehen lassen, dann durchseihen. Den abgekühlten Tee mit Honig süßen und mit den Müslizutaten vermischen.

Hagebuttentee-Müsli
Zutaten für 1 Person
3 bis 5 Eßlöffel Fertigmüsli aus der Packung
1 Teelöffel Hagebuttenstücke
1 Tasse sprudelnd kochendes Wasser
etwas Honig
Zubereitung
Das Fertigmüsli in einen tiefen Teller oder in eine Schale geben. Hagebuttenstücke mit dem kochenden Wasser überbrühen. Tee 10 Minuten ziehen lassen, dann durchseihen. Den abgekühlten Tee mit Honig süßen und mit den Müslizutaten vermischen.

Kamillentee-Müsli
Zutaten für 1 Person
3 bis 5 Eßlöffel Fertigmüsli aus der Packung
1 Teelöffel Kamillentee
1 Tasse sprudelnd kochendes Wasser
Honig nach Geschmack
Zubereitung
Das Fertigmüsli in einen tiefen Teller oder in eine Schale geben. Kamille mit dem kochenden Wasser überbrühen, Tee ca. 5 Minuten ziehen lassen, dann abseihen und etwas abgekühlt mit Honig süßen. Kamillentee über die Müslizutaten gießen und gründlich damit vermischen.
Ein sehr bekömmliches Müsli für empfindliche Mägen!

»Warmmacher«-Müsli
Müsli mit Lindenblütentee wärmt an kalten Tagen und hilft, Grippe und Erkältungen zu bekämpfen.
Zutaten für 1 Person
3 bis 5 Eßlöffel Fertigmüsli aus der Packung
2 Teelöffel Lindenblüten
1 Tasse sprudelnd kochendes Wasser
etwas Honig
Zubereitung
Das Fertigmüsli in einen tiefen Teller oder in eine Schale geben. Lindenblüten mit dem kochenden Wasser überbrühen. Tee 5 bis 8 Minuten ziehen lassen, dann durchseihen und mit etwas Honig süßen.
Tee noch gut warm mit den Müslizutaten mischen.

»Anti-Husten«-Müsli

Fenchel ist für Hustengeplagte, vor allem für Raucher, am Morgen eine Wohltat. Er beruhigt und hilft, die Atemwege freizumachen.

Zutaten für 1 Person

3 bis 5 Eßlöffel Fertigmüsli aus der Packung
1 Teelöffel Fenchelsamen
1 Tasse sprudelnd kochendes Wasser
etwas Honig

Zubereitung

Fertigmüsli in einen tiefen Teller oder in eine Schale geben. Fenchel mit kochendem Wasser überbrühen und ca. 10 Minuten ziehen lassen. Tee abseihen, etwas abkühlen lassen und nach Geschmack mit Honig süßen. Fencheltee mit den Müslizutaten gut vermischen. Müsli langsam essen und vor allem gut kauen.

Das Müsli
für Fortgeschrittene

Wenn Sie sich noch nicht dazu entschließen können, das Getreide für Ihr Müsli selbst zusammenzustellen bzw. unmittelbar vor der Zubereitung des Müslis selbst zu schroten – vielleicht weil Ihnen am Morgen die Zeit dafür nicht ausreicht oder Sie noch keine eigene Getreidemühle besitzen – so sollten Sie auf die »Halbfertig-Müsli-Mischungen« zurückgreifen. Diese Mischungen gibt es in Flockenform oder als Körner in Reformhäusern, vor allem in Naturkostläden in guter Qualität zu kaufen.

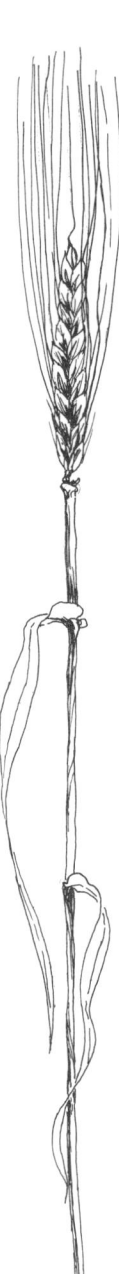

– Getreidemischung in Flockenform: Man kann sich die Flocken im Laden mischen lassen; die Mischung sollte zu gleichen Teilen aus Weizen-, Gersten-, Hafer-, Roggen- und Hirseflocken bestehen.

– Abgepackte, schon fertiggemischte Fünf-Kornflocken enthalten meist alle bereits oben genannten Sorten.

– Fünf-Korn-Kruska nach Waerland enthält zu gleichen Teilen Hafer-, Weizen-, Gersten-, Roggen- und Hirsekörner. Die Kruska können Sie sich dann gleich im Laden schroten lassen.
Dabei müssen Sie sich entscheiden, ob Sie die Körner grob- oder feingeschrotet wünschen. Vom Ernährungsstandpunkt her ist beides vertretbar. Bei der Müsli-Zubereitung ist jedoch zu beachten, daß feingeschrotetes Korn nur etwa 10 bis 15 Minuten bis zum Verzehr vorquellen muß, grobgeschrotetes Korn am besten über Nacht in kaltes Wasser eingeweicht wird, damit es besser verdaulich ist.
Der Fünf-Korn-Kruska ist oft auch Roggen- oder Weizenkleie beigemischt, der Waerland in der Diätnahrung, für den Stoffwechsel und die Darmtätigkeit große Bedeutung zugemessen hat. Gleich für welche der drei Getreide-mischungen Sie sich entscheiden – sie alle sind eine hervorragende Basis für Ihr morgendliches Müsli, das Sie nun mit Rosinen, Nüssen, Sonnenblumenkernen, Honig, verschiedenem Dörrobst oder frischen Beeren und Früchten zu einer kompletten Müsli-Mahlzeit zusammenstellen können (siehe auch »Müsli-Einmaleins« Seite 13).
Noch vollwertiger und gesünder wird Ihr Müsli, wenn Sie außerdem Weizenkeimflocken, Datteln, Feigen, Kürbiskerne, Pinienkerne und Sojakeime oder Sojamilchpulver beimischen. Natürlich ist es nicht nötig, alle aufgeführten Produkte immer zu verwenden. Sie sollten nur öfter variieren, damit Sie immer mehr Freude und Geschmack und natürlich auch neue gesundheitliche Aspekte am Müsli-Essen entdecken.

Wertvolle Zusätze für »Halb-Fertigmüslis«

● **Weizenkeime** sind eine Kraftbombe – sie beliefern uns mit Vitamin C, B_1 und B_2 sowie mit dem wichtigen Vitamin E, das unseren Kreislauf und das Herz schützt. Sie enthalten Eisen, Mangan, Niacin und Pantothensäure. Weizenkeime stärken unser Muskelgewebe, steigern die Leistungsfähigkeit und bekämpfen rheumatische Beschwerden.

● **Feigen** beliefern unseren Körper mit Kalium, beeinflussen positiv unsere Verdauung und stärken die Funktion der Galle. Man sollte getrocknete Feigen allerdings nicht länger als ein Jahr lagern, dann verlieren sie ihren Wert.

● **Kürbiskerne** sollten vor allem bei Blasenbeschwerden, zur Unterstützung der Leberfunktion und vorbeugend gegen Prostatabeschwerden des Mannes zum Müsli verwendet werden. Es gibt sie auch als Granulat im Reformhaus oder in Naturkostläden.

● **Pinienkerne** liefern das beste naturbelassene Fett und hochwertiges Eiweiß. Die Kerne unterstützen die Arbeit unserer Leber und wirken sich günstig auf die Atmungsorgane aus. Achten Sie beim Kauf darauf, daß die Kerne weiß und nicht gelb sind; gelbe Kerne sind nicht mehr frisch und schmecken ranzig.

● **Sojakeime und Sojamilchpulver.** Die Sojabohne liefert eine Vielzahl von Produkten, die vor allem für Vollwertköstler wichtige Eiweißlieferanten sind. Neben dem hochwertigen pflanzlichen Eiweiß enthält Soja Lecithin, Kalium, Kalzium, Zink, Kupfer, Pantothen- und Folsäure sowie die Vitamine B_1, B_2, B_6 und C. Milchpulver wird aus der gelben Sojabohne gewonnen, die Keime von der grünen Sojabohne. Sowohl Keime als auch Pulver sollten Sie nur in kleinen Portionen dem Müsli zusetzen, da der Geschmack ziemlich dominant ist. Übrigens: Mit Sojaprodukten werden die amerikanischen Astronauten auf ihren Weltraumflügen ernährt!

Rezepte mit fertigen Getreidemischungen

Fünfkorn-Müsli mit Milch
Zutaten für 1 Person
3 bis 5 Eßlöffel Fünfkornflocken
1 Teelöffel Weizenkeimflocken
⅛ bis ¼ l Milch (warm oder kalt)
1 Teelöffel Honig
Zubereitung
Fünfkornflocken und Weizenkeimflocken in einem tiefen Teller oder in einer Schale mischen. Milch mit Honig

verrühren und die Flüssigkeit über die Kornflocken gießen. Umrühren und das Müsli einige Minuten stehen lassen. Dann langsam essen.

Fünfkorn-Müsli mit Joghurt

Zutaten für 1 Person
3 bis 5 Eßlöffel Fünfkornflocken
1 Teelöffel Weizenkeimflocken
1 Becher Joghurt oder Bio-Joghurt
1 Teelöffel Honig
Mandelsplitter zum Bestreuen
Zubereitung
Die Kornflocken aus der Packung in einen tiefen Teller oder in eine Schale geben. Weizenkeimflocken untermischen. Joghurt mit Honig verrühren, dann mit den Kornflocken vermischen. Zum Schluß die Mandelsplitter darüberstreuen. Das Müsli etwas durchziehen lassen.

Fünfkorn-Müsli mit Kirschsaft

Zutaten für 1 Person
3 bis 5 Eßlöffel Fünfkornflocken
1 Teelöffel Weizenkeimflocken
je 1 Teelöffel gehackte Haselnüsse,
Datteln und Rosinen
ein paar grobgehackte Kürbiskerne
⅛ bis ¼ l Kirschsaft (frischgepreßt oder
aus dem Reformhaus)
Zubereitung
Fünfkornflocken und Weizenkeim-flocken in einem tiefen Teller oder in einer Schale mischen. Dann die Nüsse, gehackte Datteln, Rosinen und Kürbiskerne darüberstreuen. Kirschsaft darübergießen und alles gut vermischen. Das Müsli bis zum Essen etwas durchziehen lassen.

Fünfkorn-Müsli mit Heidelbeeren

Zutaten für 1 Person
3 bis 5 Eßlöffel Fünfkornflocken
1 Teelöffel Weizenkeimflocken
1 Teelöffel Rosinen
1 Teelöffel gehackte Nüsse
1 Teelöffel gehackte Datteln
1 Teelöffel Weizenkeimöl
⅛ bis ¼ l Heidelbeersaft
Zubereitung
Fünfkornflocken mit Weizenkeimflocken, Rosinen, Nüssen, Datteln und Weizenkeimöl in einem tiefen Teller oder in einer Schale mischen, den Heidelbeersaft darübergießen und umrühren. Die Zutaten etwas quellen lassen.

Fünfkorn-Müsli mit Johannisbeersaft

Zutaten für 1 Person
3 bis 5 Eßlöffel Fünfkornflocken
1 Teelöffel Weizenkeimflocken
1 Teelöffel gehackte Nüsse
1 Teelöffel gehackte Datteln oder

Feigen
10 Kürbiskerne
⅛ bis ¼ l Schwarzer Johannisbeersaft
Zubereitung
Fünfkornflocken mit Weizenkeimflok-
ken, Nüssen, Datteln und den Kürbis-
kernen in einem tiefen Teller oder in
einer Schüssel mischen. Den Johannisbeersaft darübergießen, gut umrühren
und das Müsli bis zum Essen etwas
quellen lassen.

Fünfkorn-Müsli mit Buttermilch

Zutaten für 1 Person
3 bis 5 Eßlöffel Fünfkornflocken
1 Teelöffel Weizenkeimflocken
1 Teelöffel gehackte Nüsse
1 Teelöffel gehackte Sonnenblumen-
kerne
1 Teelöffel frische Pistazienkerne
1 Teelöffel Honig
⅛ bis ¼ l Buttermilch
Zubereitung
Fünfkornflocken, Weizenkeimflocken,
Nüsse, Sonnenblumen- und Pistazienkerne in einem tiefen Teller oder in
einer Schale mischen. Den Honig darüberträufeln und die Buttermilch dazugießen. Gut umrühren und das Müsli bis zum Essen etwas quellen lassen.

Fünfkorn-Müsli mit Sauerrahm

Zutaten für 1 Person
3 bis 5 Eßlöffel Fünfkornflocken
1 Teelöffel Weizenkeimflocken
1 Teelöffel gehackte Nüsse
1 Teelöffel Datteln
1 Teelöffel gehackte Pistazienkerne
1 Teelöffel Rosinen
1 Teelöffel Honig
⅛ bis ¼ l Sauerrahm
Zubereitung
Fünfkornflocken, Weizenkeimflocken,
Nüsse, Datteln, Pistazienkerne und Rosinen in einem tiefen Teller oder in
einer Schale vermischen. Honig mit
Rahm verrühren und über die Müsli-
Mischung gießen. Gut umrühren und
bis zum Essen etwas quellen lassen.
Wer Gewichtsprobleme hat, sollte statt
Sauerrahm Joghurt oder Buttermilch
verwenden.

Fünfkorn-Müsli
mit frischen Beeren

Zutaten für 1 Person
3 bis 5 Eßlöffel Fünfkornflocken
1 Teelöffel Weizenkeimflocken
1 Teelöffel gehackte Nüsse
1 Teelöffel Rosinen
eine Handvoll frische Beeren z. B.
Himbeeren, Heidelbeeren oder Brom-
beeren
1 Becher Joghurt oder Bio-Joghurt.

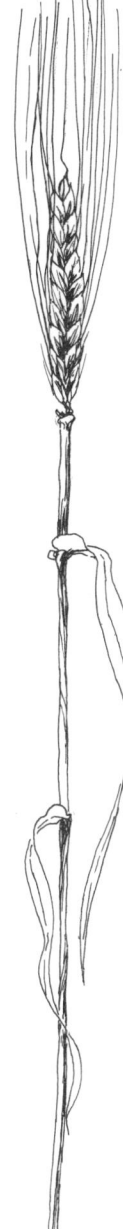

Zubereitung
Fünfkornflocken, Weizenkeimflocken, Nüsse, Rosinen und Beeren in einem tiefen Teller oder in einer Schale vorsichtig mischen. Joghurt darübergießen, nochmal umrühren und das Müsli bis zum Essen etwas stehen lassen.

Fünfkorn-Müsli mit Datteln
Zutaten für 1 Person
3 Eßlöffel Fünfkornflocken
2 Eßlöffel Weizenkeimflocken
1 Teelöffel Mandel- oder Nußsplitter
1 Teelöffel gehackte Datteln
1 Becher Joghurt oder Kefir
Zubereitung
Die Fünfkornflocken und Weizenkeimflocken, Mandel- oder Nußsplitter und Datteln in einem tiefen Teller oder in einer Schale mischen und den Joghurt darübergießen. Kräftig umrühren und etwas quellen lassen.

Fünfkorn-Müsli mit Quark
Zutaten für 1 Person
3 bis 5 Eßlöffel Fünfkornflocken
1 Teelöffel Weizenkeimflocken
⅛ l Apfelsaft
1 Becher Joghurt
125 g Quark

1 Eßlöffel Honig
ein paar frische Früchte nach Wahl
Zubereitung
Fünfkornflocken und Weizenkeimflocken 10 Minuten im Apfelsaft einweichen. Quark mit Honig und Joghurt glattrühren, dann zusammen mit den Früchten zum Getreide geben. Nochmal gut umrühren und bis zum Essen etwas stehen lassen.

Fünfkorn-Müsli mit Dörrobst
Zutaten für 1 Person
100 g Dörrobst, z. B. Äpfel, Birnen, Pflaumen, Rosinen
125 g Quark
1 Eßlöffel Honig
Saft von einer Orange
3 bis 5 Eßlöffel Fünfkornflocken
1 Teelöffel Weizenkeimflocken
1 Teelöffel geriebene Haselnüsse
Zubereitung
Dörrobst ein paar Stunden oder über Nacht in ¼ Liter Wasser einweichen. Quark mit Honig, Orangensaft, 2 bis 3 Eßlöffel Obsteinweichwasser cremig rühren. Fünfkorn-, Weizenkeimflocken und Haselnüsse in einem tiefen Teller mischen. Dann das etwas zerkleinerte Dörrobst und den angerührten Quark daruntermischen. Alles gut verrühren und das Müsli bis zum Essen etwas durchziehen lassen.

50

Fünfkorn-Müsli mit Soja

Zutaten für 1 Person
3 bis 5 Eßlöffel Fünfkornflocken
1 Teelöffel Weizenkeimflocken
gehackte Nüsse und ein paar kleinge-
schnittene Dörrfrüchte
⅛ l Milch
1 Eßlöffel Sojamilchpulver
1 Teelöffel Honig
Zubereitung
Fünfkornflocken, Weizenkeimflocken, Nüsse und Dörrobst in einem tiefen Teller oder in einer Schale vermischen. Milch etwas erwärmen, Sojapulver und Honig darin auflösen. Die Milch über die Müslizutaten gießen, umrühren und bis zum Essen etwas quellen lassen.

Hirseflocken-Müsli mit Heidelbeersaft

Zutaten für 1 Person
3 Eßlöffel Hirseflocken aus der Pak-
kung
¼ l Heidelbeersaft
1 Becher Bio-Joghurt oder Kefir
1 Eßlöffel Honig
1 mit der Schale geriebener Apfel
1 Teelöffel gemahlene Haselnüsse
Zubereitung
Hirseflocken in einem tiefen Teller mit Heidelbeersaft übergießen und etwas quellen lassen. Dann mit Joghurt oder

Kefir, Honig, Apfel und Nüssen vermischen. Alles gut durchziehen lassen, dann langsam essen und dabei gut kauen.
Übrigens – Hirse im Müsli ist ein besonderer Muntermacher!

Fünfkorn-Müsli mit Rhabarber

Zutaten für 1 Person
1 kleingeschnittene Feige
1 Stückchen Vanillestange
250 g Rhabarber
1 Eßlöffel Malzextrakt oder Honig
3 bis 5 Eßlöffel Fünfkornflocken
Zubereitung
Die Feigenstücke und Vanillestange in ½ Liter Wasser ca. 10 Minuten kochen, dann den geschälten, in Stücke geschnittenen Rhabarber bei 60°C darin garziehen lassen. Mit Malzextrakt oder Honig süßen und die Vanillestange entfernen. Fünfkornflocken in einen tiefen Teller geben und mit dem Rhabarberkompott gut vermischen. Das Müsli sofort essen.

Fünfkorn-Müsli mit Bananen

Zutaten für 1 Person
2 bis 3 Eßlöffel Fünfkornflocken
etwas Butter
1 Banane
Zitronensaft
½ Eßlöffel Honig

etwas Milch oder Joghurt nach Belieben

Zubereitung

Fünfkornflocken in einer beschichteten Pfanne in etwas Butter anrösten, bis sie würzig duften. Die Banane mit einer Gabel zerdrücken, gleich mit Zitronensaft beträufeln, damit sie sich nicht verfärbt. Das Bananenmus mit dem Honig mischen und die gerösteten Kornflocken darüberstreuen. Wenn Ihnen das Müsli so zu trocken ist, etwas Milch oder Joghurt zum Verdünnen zugeben.

Fünfkorn-Müsli mit frischem Obst

Zutaten für 1 Person

3 bis 4 Eßlöffel Fünfkornflocken
1 Teelöffel Honig
⅛ l Milch
5 Kirschen und 5 Pflaumen
1 Aprikose
1 kleine Birne und 1 kleiner Apfel
1 Eßlöffel Heidelbeeren

Zubereitung

Fünfkornflocken in einen tiefen Teller geben. Honig in der Milch auflösen und über die Kornflocken gießen. Obst gut waschen. Kirschen, Pflaumen und Aprikose entsteinen, Apfel und Birne mit der Schale in kleine Stücke schneiden. Alles Obst zu den Flocken geben, gut vermischen und das Müsli

bis zum Essen noch etwas durchziehen lassen.

Bananen-Sojamilch-Müsli

Zutaten für 1 Person

3 bis 5 Eßlöffel Fünfkornflocken
1 Teelöffel Weizenkeimflocken
¼ l Milch
½ Banane
1 Eßlöffel Sojamilchpulver
eventuell 1 Teelöffel Honig

Zubereitung

Fünfkornflocken und Weizenkeimflocken in einen tiefen Teller oder in eine Schale geben. Im elektrischen Mixer Milch mit Banane, Sojamilchpulver und Honig nach Geschmack verquirlen. Die Flüssigkeit über das Müsli gießen und alles ein wenig durchziehen lassen.

Fünfkorn-Honig-Cocktail

Zutaten für 1 Person

3 Eßlöffel Fünfkornflocken
1 Teelöffel Weizenkeimflocken
1 Eßlöffel Honig
¼ l Milch
1 Banane

Zubereitung

Fünfkornflocken, Weizenkeimflocken, Honig, Banane und Milch im elektrischen Mixer verrühren. Das eher flüssige Müsli in einem Glas oder in einer

Schale servieren. Es wirkt sehr belebend und erfrischend.

Weizenkeim-Soja-Müsli mit Kleie
Zutaten für 1 Person
3 bis 4 Eßlöffel Fünfkornflocken
1 Eßlöffel Weizenkeimflocken
1 Teelöffel Kleie
1 Eßlöffel Sojamilchpulver
⅛ l Vorzugsmilch
1 Teelöffel Blütenhonig
ein paar kleingehackte Nüsse
Zubereitung
Fünfkornflocken und die Weizenkeimflocken in einen tiefen Teller geben. Kleie, Sojamilchpulver und Blütenhonig in der leicht erwärmten Milch auflösen. Die Flüssigkeit mit den Getreideflocken verrühren und die Nüsse darüberstreuen.

Weizenkeim-Müsli mit Malve
Zutaten für 1 Person
1 Teelöffel Malventee
1 Tasse sprudelnd kochendes Wasser
etwas Honig
3 bis 5 Eßlöffel Weizenkeimflocken
1 Teelöffel gehackte Haselnüsse
5 Kürbiskerne
2 kleingehackte Datteln
Zubereitung
Malventee mit kochendem Wasser überbrühen und ca. 10 Minuten ziehen lassen, dann abseihen und mit Honig süßen. Tee etwas abkühlen lassen. Weizenflocken in einen tiefen Teller geben und mit den übrigen Zutaten vermischen. Den abgekühlten Malventee daruntermischen.

Fünfkorn-Kraft-Müsli
Zutaten für 1 Person
3 Eßlöffel Fünfkornflocken
1 Teelöffel Weizenkeimflocken
¼ l leicht erwärmte Milch
1 Eßlöffel Sojamilchpulver
je 1 Teelöffel Honig und Rohrzuckermelasse
Zubereitung
Fünfkornflocken und Weizenkeimflocken in einem tiefen Teller mischen. In der erwärmten Milch Sojapulver, Honig und Melasse auflösen. Die Milch über die Flocken gießen und alles etwas durchziehen lassen. Dann langsam und genüßlich kauen.

Kruska-Müsli mit Milch
Zutaten für 1 Person
3 Eßlöffel Fünfkorn-Kruska nach Waerland
5 kleingehackte Nüsse nach Wahl
2 kleingehackte Feigen
1 Teelöffel Rosinen
1 in Scheiben geschnittener Apfel (mit Schale)

1 Teelöffel Honig
¹/₈ bis ¹/₄ l Milch
Zubereitung
Kruska in einem tiefen Teller mit den Nüssen, Datteln, Feigen, Rosinen und Apfelscheiben mischen. Honig in der leicht erwärmten Milch auflösen. Milch über die Müslizutaten gießen und das Ganze 10 Minuten quellen lassen.
Die Quellzeit gilt nur für feingeschrotetes Getreide. Wenn Sie grob geschrotete Kruska vorziehen, sollten Sie das Schrot möglichst schon am Abend vorher in etwas kaltem Wasser einweichen und über Nacht ausquellen lassen.
Am Morgen gibt man dann die Früchte und die Honigmilch dazu und kann das Müsli sofort essen.

Kruska-Müsli mit Kefir
Zutaten für 1 Person
3 Eßlöffel feingeschrotete Fünfkorn-Kruska
5 kleingehackte Nüsse
2 kleingehackte Datteln
1 gehackte Feige
1 Teelöffel Rosinen
1 in Scheiben geschnittener Apfel (mit Schale)
1 Becher Kefir
1 Teelöffel Honig

Zubereitung
Kruska mit etwas kaltem Wasser in einen tiefen Teller geben und etwa 10 Minuten ausquellen lassen. Dann mit Nüssen, Datteln, Feige, Rosinen und Apfelscheiben mischen. Kefir mit Honig verrühren und über die Müslizutaten gießen. Nochmal gut umrühren und dann gleich essen.

Kruska-Müsli mit Nußmus und Soja
Zutaten für 1 Person
3 Eßlöffel grobgeschrotete Fünfkorn-Kruska
¹/₄ l Milch
je 1 Eßlöffel Nußmus und Sojamilchpulver (aus dem Reformhaus)
Zubereitung
Getreidemischung über Nacht in etwas kaltem Wasser einweichen. Am nächsten Tag die kalte oder leicht erwärmte Milch mit Nußmus und Sojamilchpulver verquirlen und mit dem Getreide vermischen. Das körnige Müsli kräftig kauen.

Kruska-Müsli mit Hagebuttenmark
Zutaten für 1 Person
3 Eßlöffel Fünfkorn-Kruska (fein- oder grobgeschrotet)
¹/₈ bis ¹/₄ l Milch

54

2 Eßlöffel Hagebuttenmark
1 Eßlöffel Honig
Zubereitung
Feingeschrotete Kruska 10 Minuten vor dem Essen in etwas kaltem Wasser einweichen, grobgeschrotete über Nacht ausquellen lassen. Milch (kalt oder erwärmt) mit Hagebuttenmark und Honig verquirlen und dann mit dem Getreide gut verrühren.

Kruska-Müsli mit Früchten
Zutaten für 1 Person
3 Eßlöffel Fünfkorn-Kruska
(fein- oder grobgeschrotet)
1 Becher Naturjoghurt oder
Bio-Joghurt
½ Orange
eine Handvoll Heidelbeeren und
Himbeeren (gemischt)
1 Teelöffel Honig
Zubereitung
Gequollene Fünfkorn-Kruska (feingeschrotete 10 Minuten vor dem Frühstück in etwas Wasser einweichen, grobgeschrotete über Nacht) in einen tiefen Teller oder in eine Schale geben. Joghurt mit den Früchten und Honig im Mixer verrühren.
Die Fruchtmischung mit dem Getreideschrot verrühren und das Müsli bis zum Essen noch etwas durchziehen lassen.

Konzentrations-Müsli
Dieses Müsli sollten Sie zum Frühstück wählen, wenn Sie sich bei der Arbeit besonders konzentrieren müssen. Die Kombination von Äpfeln und Nüssen wirkt sich günstig auf die Gehirnfunktion aus und stärkt das Konzentrationsvermögen.

Zutaten für 1 Person
3 Eßlöffel feingeschrotete Fünfkorn-
Kruska
4 Teelöffel Leinsamen
1 Becher Joghurt oder Kefir
1 Eßlöffel Honig
1 Eßlöffel Zitronensaft
7 gehackte Haselnüsse
2 kleine Äpfel (mit der Schale gerieben)
Zubereitung
Fünfkorn-Kruska und Leinsamen mischen und mit etwas kaltem Wasser 15 Minuten quellen lassen. Joghurt oder Kefir mit Honig und Zitronensaft verrühren und zusammen mit den Nüssen und den geriebenen Äpfeln unter das gequollene Schrot mischen. Nach Belieben das fertige Müsli im Wasserbad erwärmen. Dann sofort essen und dabei gut kauen.

Das Müsli aus
der eigenen Mühle

Zurück zur Natur – das ist nicht nur ein oft zitiertes Schlagwort, sondern immer mehr Menschen wollen auch bewußt danach leben.

Mit dem selbst komponierten Müsli, vor allem mit dem frisch gemahlenen Korn aus der eigenen Mühle, holen Sie sich dieses Stückchen Natur täglich auf den Tisch. Sicherlich erfordert das selbstgemachte Müsli etwas mehr Zeit und die Anschaffung einer Getreidemühle. Aber es lohnt sich, für diesen morgendlichen Fitmacher ersten Ranges ein wenig mehr zu investieren.

Ein paar grundsätzliche Überlegungen sind allerdings notwendig, ehe Sie »statt der Kaffeemühle am Morgen die Getreidemühle am Abend« anwerfen.

Getreidewahl und Vorratshaltung

Kaufen Sie Ihren Getreidevorrat nur in gut sortierten Reformhäusern oder Naturkostläden, denn nur dort haben Sie die Garantie, daß das Getreide nachweislich aus biologischem Anbau stammt. Außerdem haben Sie dann auch die Gewißheit, daß es gespelzt ist, daß der Getreideparasit »Mutterkorn«, der dem menschlichen Organismus schwere Gifte zuführt, sich nicht darin befindet, daß es aus möglichst jüngstem Anbau ist und bisher vorbildlich gelagert wurde. Getreide, das Sie für Ihr Müsli selbst mahlen, muß voll ausgereift sein und darf keine Spuren von Schädlingsbekämpfungsmitteln, Wachstumsregulatoren oder anderen chemischen Substanzen aufweisen. Auch bei der Lagerung darf es nicht mit chemischen Stoffen in Verbindung gebracht worden sein.

Es ist also nicht anzuraten, Getreide bei irgendeinem Bauern zu kaufen, außer Sie wissen zuverlässig, daß er seine Produkte biologisch-dynamisch anbaut.

Für Ihr tägliches Müsli sollten Sie sich folgenden Vorrat anlegen: Weizenkörner, Gerstenkörner, Haferkörner, Goldhirsekörner, Roggenkörner und eventuell auch Buchweizenkörner.

Zuhause sollten Sie Ihren Getreidevorrat in Leinensäckchen oder lichtundurchlässigen Gefäßen trocken lagern. Obwohl das ganze Korn lange lagerfähig ist und eine natürliche »Konserve« darstellt, sollten Sie sich nicht allzu große Vorräte anlegen, außer Sie gebrauchen das Getreide auch zum Bakken bzw. für andere Vollwertgerichte (siehe auch »Das große Müsli-Einmaleins« Seite 13).

Wahl der Getreidemühle

Immer mehr Mühlenhersteller tummeln sich auf dem Markt. Ich möchte Ihnen deshalb raten, sich in einem Naturkostladen oder einem Reformhaus eingehend beraten zu lassen. In diesem Zusammenhang möchte ich ein praktisches Bändchen empfehlen, das Sie mit den wichtigsten Mühlen-Herstellern und -Typen vertraut macht: Handbuch der Haushalts-Getreidemühlen (erschienen im Verlag

»Natürlich und Gesund«, Postfach, D-Stuttgart 70).

Bei der Wahl einer Getreidemühle ist wichtig, für wieviele Personen Sie das morgendliche Müsli herstellen müssen. Für den kleinen Haushalt reicht meist eine von Hand bediente Getreidemühle, für einen größeren Haushalt lohnt sich eine elektrisch betriebene, vor allem, wenn sie auch noch für das Mahlen von Getreide zum Brotbacken etc. verwendet wird. Für den »Körndl-Esser« genügt am Anfang sicher die Handmühle, möglichst eine, die sich an einer Tischplatte oder einer anderen Arbeitsfläche anschrauben läßt. Die Handmühle hat außerdem den Vorteil, daß man sie selbst auf Reisen mitnehmen kann, denn der echte Müsli-Fan möchte auch im Urlaub nicht auf seinen morgendlichen Fitmacher verzichten.

Ob Handmühle oder elektrische Getreidemühle – übrigens gibt es auch für viele gängige Küchenmaschinen Zusatzgeräte zum Getreidemahlen –, folgende Merkmale sind wissenswert:

– Die Mühle darf nicht zuviel Platz in der Küche beanspruchen; sie muß einen festen Platz haben und stabil sein (wenn man sie täglich aus dem untersten Schrank holen muß, führt das dazu, daß man das Mahlen gleich sein läßt).

– Die Mühle muß über einen guten Mahlstein verfügen – besonders empfohlen werden Naturmahlsteine. Aber auch Stahlmahlwerk oder ein Mahlwerk aus Keramik arbeiten perfekt.

– Die Mühle muß fein und grob mahlen bzw. schroten können.

– Die Mühle muß stufenlos einstellbar sein und auf feinste Einstellung berührungsfrei laufen.

– Die Mühle darf auch bei Dauerleistung (dies gilt vor allem für elektrische Getreidemühlen) keine große Temperatur- und Geräuschentwicklung haben.

Informieren Sie sich also vor dem Kauf einer Getreidemühle sehr genau über die im Handel befindlichen Fabrikate und ihre Qualität, denn die Getreidemühle muß über Jahre ihre täglichen Dienste leisten.

Umgang mit ganzen Getreidekörnern

Der Umgang mit Getreide ist keine Wissenschaft, es genügt, wenn Sie ein paar grundsätzliche Dinge dazu wissen:

– Frisch gemahlenes Getreide, das den vollen Keim und alle Randschichten enthält, ist nur kurze Zeit haltbar und behält auch nur sehr kurze Zeit seinen vollen Vitalwert. Sobald gemahlenes Getreide mit Sauerstoff in Berührung kommt, oxidiert es und ist leicht verderblich. Es ist also wichtig, daß Sie für das Müsli das Korn erst kurz vor dem Verzehr mahlen. Nur so ist gewährleistet, daß wir sämtliche Spurenelemente, Mineralstoffe, Vitamine und Eiweißsubstanzen, die im vollen Getreide vorhanden sind, zu uns nehmen. Es wäre also grundverkehrt, wenn Sie das Getreide für Ihr Müsli schon Tage vorher auf Vorrat schroten würden.

– Vor Gebrauch sollten Sie das Getreide grundsätzlich verlesen, um schadhafte Körner oder ähnliches dabei zu entfernen. Je nach Herkunft sollten Sie es auch waschen.
– Sofern Sie das Getreide nicht zu ganz feinem Mehl oder Schrot mahlen, müssen Sie sowohl ganze Körner als auch Schrot, damit es für den menschlichen Organismus aufgeschlossen wird, in der gleichen Menge kaltem Wasser einweichen und quellen lassen; dies geschieht am besten über Nacht. Die Einweichzeit sollte jedoch nicht mehr als 8–10 Stunden betragen, da nach dieser Zeit schon der regelrechte Keimprozeß beginnt (keimendes Getreide wirkt nämlich auf unseren Organismus anders als ruhendes).
– Statt sie vorzuquellen, können Sie die Getreidekörner auch darren oder rösten. Das Getreide wird dafür im Backofen auf einem Backblech ausgebreitet und ca. 30–60 Minuten bei 60–80 °C gedarrt. Gedarrtes Getreide hat einige Vorteile: Die Körner duften angenehm und haben einen würzigen, herzhaften Geschmack; für manche sind sie auch leichter verdaulich. Wichtig ist, daß die Körner beim Darren nicht zu stark bräunen und damit zu viele Röststoffe enthalten, die unsere Verdauungsorgane belasten. Auch bereits geschrotete oder vorher eingeweichte Körner können Sie darren bzw. gedarrte Körner anschließend schroten.
– Ganz gleich, ob Sie ganze, gequollene Körner für Ihr Müsli verwenden oder das Korn in der Getreidemühle fein oder grob schroten, wichtig ist, daß Sie Ihr Müsli gründlich und lange kauen, damit es bereits gut eingespeichelt in Ihren Magen kommt. Andern-

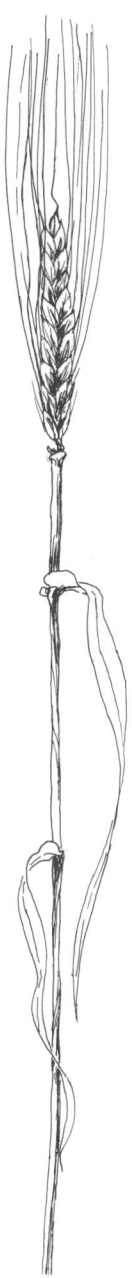

falls könnte es besonders am Anfang zu Beschwerden kommen, denn das volle Korn erfordert von unserem Organismus bei der Verdauung einen enormen Kräfteeinsatz. Aber gerade dieses kräftige Kauen wirkt sich wiederum günstig auf die Zähne aus und mobilisiert die Verdauungssäfte.

Zum Müsli mit selbstgemahlenem Korn sollten Sie besonders wertvolle und schmackhafte Zutaten wählen. Greifen Sie möglichst auf ungespritztes heimisches Obst der Saison zurück, verwenden Sie ungeschwefeltes Trokkenobst und sparen Sie nicht bei der Qualität des Honigs oder der Milch. Gerade das von Grund auf selbst komponierte Müsli verdient es, mit den besten Zutaten angereichert zu werden.

Rezepte mit selbstgemahlenem Korn

Original Bircher-Müsli

Zutaten für 1 Person
2 Teelöffel geschrotete Getreidekörner
(Hafer oder Weizen)
1 Eßlöffel Vollkornhaferflocken
1 Eßlöffel Zitronensaft
3 bis 4 Eßlöffel Joghurt
1 Teelöffel Bienenhonig

1 Apfel
1 Eßlöffel gemahlene Haselnüsse oder Mandeln
Zubereitung

Getreideschrot und Haferflocken über Nacht getrennt in kaltem Wasser einweichen. Am nächsten Tag Zitronensaft, Joghurt und Honig verrühren und unter die gequollenen Haferflocken mischen.

Apfel waschen, abtrocknen, die Blüte und den Stiel entfernen. Dann mit der Schale auf einer Reibe über die Haferflocken reiben. Sofort umrühren, damit das Apfelfleisch nicht braun wird. Nun die geriebenen Nüsse darüberstreuen und das gequollene Getreideschrot dazu geben. Alles nochmal gründlich vermischen und das Müsli sofort essen und dabei gut kauen.

Frischkorn-Müsli nach Dr. Bruker

Dieses Frischkorn-Müsli deckt nach medizinischen Erkenntnissen 50% des täglichen Vitalstoffbedarfs eines erwachsenen Menschen.

Zutaten für 1 Person
3 Eßlöffel gemischte Getreidekörner

(Weizen, Roggen, Hafer, Hirse, Gerste)
1 Eßlöffel Leinsamen
1 kleiner Apfel
1 Eßlöffel grobgehackte Nüsse, Sonnenblumenkerne oder Kürbiskerne
2 Eßlöffel zerkleinerte Rosinen, Datteln, gedörrte Aprikosen und Feigen
etwas Zitronensaft
1/8 bis 1/4 l Milch oder 1 Becher Joghurt
einige frische Beeren
Zubereitung
Das Getreide in einer elektrischen Mühle grob schroten und ca. 10 Stunden in kaltem Wasser einweichen. Am nächsten Tag den Brei mit frisch geschrotetem Leinsamen, geriebenem Apfel, Nüssen, gedörrten Früchten, Zitronensaft und der Milch oder dem Joghurt verrühren. Das Müsli mit den frischen Beeren dekorieren.

Weizen-Müsli
Zutaten für 1 Person
60 g frisch geschroteter Weizen
1 Teelöffel Zitronensaft
1 kleiner geriebener Apfel
1 kleine zerdrückte Banane
2 Eßlöffel Sauerrahm
1 Teelöffel frisch geschrotete Sesamkörner
ein paar grobgehackte Nüsse
2 Eßlöffel zerkleinerte frische Früchte der Saison

Zubereitung
Das geschrotete Getreide mit kaltem Wasser zu einem Brei verrühren und ca. 10 Stunden eingeweicht stehen lassen. Den Brei am nächsten Tag mit Zitronensaft, geriebenem Apfel, zerdrückter Banane, Sauerrahm, frisch geschrotetem Leinsamen, Sesam, Nüssen und den Früchten gut verrühren und in einer Schale appetitlich anrichten.
Bitte beachten: Leinsamen muß unmittelbar vor dem Verzehr frisch geschrotet werden, weil sich bereits nach 10 bis 15 Minuten die wertvollen Inhaltsstoffe verflüchtigen.

Vital-Müsli
Zutaten für 1 Person
Je 1 Eßlöffel geschroteter Weizen, Gerste, Hafer und Hirse
8 gehackte Haselnüsse
5 feingehackte Datteln
1 Eßlöffel Rosinen
1 Teelöffel Honig
1 Teelöffel Weizenkeimöl
1/8 bis 1/4 l Milch oder 1 Becher Joghurt
1/2 Banane
Zubereitung
Das geschrotete Getreide in etwas kaltem Wasser ca. 10 Stunden einweichen. Dann in einen tiefen Teller oder in eine Schale geben und den Brei mit

gehackten Haselnüssen, Datteln und Rosinen vermengen. Honig, Weizenkeimöl und die Milch oder Joghurt dazugeben, ebenso die in dünne Scheiben geschnittene Banane. Das gut durchgemischte Müsli sofort essen.

Kraft-Müsli mit Sechskorn
Zutaten für 1 Person
50 g frisch geschrotetes Getreide (Weizen, Gerste, Hafer, Roggen, Hirse, Buchweizen)
100 ml frisches kaltes Wasser
1 Teelöffel Zitronensaft
2 Eßlöffel Schlagsahne
1 großer feingeriebener Apfel
½ zerdrückte Banane
1 Eßlöffel frisch geschroteter Leinsamen
40 g grobgehackte Haselnüsse
25 g kleingeschnittene, eingeweichte Trockenfrüchte
100 g frisches Obst (je nach Jahreszeit), z. B. Beeren
Zubereitung
Die mittelfein geschroteten Getreidesorten mit kaltem Wasser zu einem Brei verrühren und diesen mindestens eine Stunde quellen lassen. Den Getreide-Brei mit Zitronensaft, Sauerrahm, Apfel, Banane, Trockenfrüchten, Nüssen und frischem Obst verrühren.

Noch besser schmeckt das Ganze mit etwas Naturvanille und der geriebenen Schale einer nicht gespritzten Zitrone.

Mandel-Apfel-Müsli
Zutaten für 1 Person
1 Eßlöffel Vollkornhaferflocken
3 Eßlöffel Wasser oder Orangensaft
1 Eßlöffel Zitronensaft
1 Eßlöffel Mandelmus (aus dem Reformhaus)
1 Eßlöffel Honig
200 g Äpfel
1 Eßlöffel Mandeln oder Haselnüsse
Zubereitung
Die Vollkornflocken über Nacht in Wasser oder Orangensaft quellen lassen. Am nächsten Tag mit Mandelmus und Honig vermischen. Zum Schluß die Äpfel mit Schale darüberreiben, alles gut mischen und die feingehackten Nüsse über das Müsli streuen.

Hafer-Weizen-Müsli mit Joghurt
Zutaten für 1 Person
je 1 Eßlöffel geschroteter Hafer und Weizen
2 Eßlöffel Wasser
3 Eßlöffel Joghurt
1 Teelöffel Zitronensaft
1 Eßlöffel Birnendicksaft
200 g geriebene Äpfel

1 Eßlöffel gehackte Haselnüsse oder
andere Nüsse
Zubereitung
Das fein geschrotete Getreide ca.
10 Stunden in Wasser einweichen.
Dann mit dem Joghurt zu einem glatten Brei verrühren und mit Zitronensaft und Birnendicksaft vermengen.
Zum Schluß die mit der Schale geriebenen Äpfel und Nüsse unterrühren.

Dreikorn-Müsli mit Kefir

Zutaten für 1 Person
125 g fein- oder grobgeschroteter
Hafer, Weizen und Gerste
1 Eßlöffel Leinsamen
1 Eßlöffel Honig
1 Becher Kefir
2 Eßlöffel geriebene Haselnüsse
250 g geriebene Äpfel
Zubereitung
Die frisch geschroteten Getreidesorten mit kaltem Wasser zu einem Brei
verrühren und über Nacht quellen lassen. Am nächsten Morgen den Brei mit
ganz frisch geschrotetem Leinsamen,
Honig, Kefir, Nüssen und geriebenen
Äpfeln verrühren.

Vitaminreiches Hafer-Müsli

Dieses Müsli liefert dem Organismus
ganz besonders viel Vitamin C. Es ist
vor allem Rauchern zu empfehlen, die

einen enormen Vitamin-Bedarf haben.
Zutaten für 1 Person
1 Eßlöffel Vollkornhaferflocken oder
frisch geschroteter Hafer
3 Eßlöffel kaltes Wasser
1 Eßlöffel Zitronensaft
1 Eßlöffel Joghurt
1 Teelöffel Honig
150 g Erdbeeren, Himbeeren, Heidelbeeren, Brombeeren, Johannisbeeren
oder einige dieser Beerensorten
Zubereitung
Haferflocken oder geschroteten Hafer
über Nacht in kaltem Wasser quellen
lassen. Am Morgen mit Joghurt, Zitronensaft, Honig und den zerdrückten
Beeren gut vermischen.

Schrot-Müsli mit Dörrobst

Zutaten für 1 Person
1 Eßlöffel fein geschroteter Hafer oder
Weizen
100 g gemischte getrocknete Früchte,
z. B. Äpfel, Aprikosen und Pflaumen
3 Eßlöffel kaltes Wasser
1 Eßlöffel Zitronensaft
1 Eßlöffel Joghurt
1 Teelöffel Weizenkeimöl
Zubereitung
Das geschrotete Getreide über Nacht
in kaltem Wasser einweichen. Die
Dörrfrüchte ebenfalls über Nacht einweichen und dann kleinhacken.

Den Brei am Morgen mit Zitronensaft, Joghurt, Honig, Weizenkeimöl und Dörrobst verrühren.

Zur Erinnerung: Nur Dörrfrüchte aus dem Reform- oder Naturkostladen verwenden, die weder geschwefelt noch auf irgend eine andere Weise chemisch konserviert sind. Chemisch behandelte Früchte können beim Verzehr des Müslis zu schweren Magen- und Darmstörungen führen.

Aprikosen-Müsli
mit gedarrtem Getreide

Zutaten für 1 Person
*125 g Vollweizen oder Vollhafer (je
nach Belieben Flocken oder Schrot)
100 g getrocknete Aprikosen
50 g Rosinen
125 g Quark
1 Eßlöffel Honig
1 Orange (in Spalten geteilt)
50 g Haselnüsse*
Zubereitung

Das Getreide (gleich ob Sie Flocken oder Schrot vorziehen) einige Stunde in wenig kaltem Wasser ausquellen lassen. Aprikosen und Rosinen ebenfalls in ca. ⅛ Liter kaltem Wasser einweichen. Das gequollene Getreide auf einem Backblech ausbreiten und bei ca. 60°C im Ofen 30 Minuten darren, bis es würzig duftet. Quark mit etwas Ein-

weichwasser von den Trockenfrüchten und Honig glattrühren, dann mit dem gedarrten Getreide und den zerkleinerten Aprikosen und Rosinen sowie den Orangenspalten vermischen. Das Müsli mit gehackten Nüssen bestreut anrichten.

Dreikorn-Müsli
mit Apfelsaft und Quark

Zutaten für 1 Person
*je 40 g Vollkornhaferflocken sowie
Gersten- und Weizenflocken
⅛ l Apfelsaft (aus dem Reformhaus)
125 g Quark
⅛ l Milch oder 1 Becher Joghurt
je 1 Eßlöffel Honig und Birnendicksaft
250 g frische gemischte Früchte (je
nach Saison)*
Zubereitung

Getreideflocken mischen und 1 bis 2 Stunden in Apfelsaft einweichen. Quark mit Milch oder Joghurt, Honig und Birnendicksaft cremig rühren, dann mit den Getreideflocken vermischen. Zum Schluß das Obst entsprechend vorbereitet untermengen.

Buchweizen-Müsli

Zutaten für 1 Person
200 g Buchweizenkörner
50 g gemahlene Nüsse
3 frisch geriebene Äpfel mit der Schale
50 g Rosinen (in etwas Wasser einge-
weicht)
1 Becher Bio-Joghurt oder Kefir
Zubereitung
Buchweizenkörner in ein Sieb geben und gründlich mit heißem Wasser überbrausen und abtropfen lassen. Die Körner in einer beschichteten trockenen Pfanne oder auf dem Backblech im Backofen bei ca. 70-80°C leicht anrösten, bis sie würzig duften und knusprig sind. Dann mit den geriebenen Nüssen, Äpfeln, den gequollenen Rosinen und dem Joghurt gut verrühren.

Fünfkorn-Müsli für heiße Tage

Zutaten für 1 Person
50 g frisch geschrotetes Getreide (zu gleichen Teilen Gerste, Weizen, Hirse, Hafer und Roggen)
1 Eßlöffel Weizenkeimflocken
1 Eßlöffel gehackte Haselnüsse
50 g gewürfelter Apfel (mit Schale)
Saft einer halben Zitrone
2 Eßlöffel Ahornsirup
½ Eßlöffel gehackte frische Zitronen-
melisse

½ Teelöffel Agar-Agar (aus dem Reformhaus)
frisch aufgebrühter kalter Kamillentee
Zubereitung
Das geschrotete Getreide mit ca. 3 Eßlöffeln kaltem Wasser verrühren und über Nacht stehen lassen. Am nächsten Morgen den Getreidebrei mit Weizenkeimflocken, Nüssen und Apfelwürfeln vermischen. Zitronensaft, Ahornsirup, Zitronenmelisse und Agar-Agar mit einer Tasse Kamillentee verquirlen und über die Müslizutaten gießen. Alles gut mischen und das erfrischende Müsli sofort essen.
Agar-Agar ist übrigens ein Meeresalgen-Gel, das in der Vollwertküche zum Binden und als Ersatz für Gelatine verwandt wird. Es ist kalorienfrei und wirkt sich durch seine Quellfähigkeit günstig auf die Darmfunktion aus.

Schrot-Müsli mit frischem Orangensaft

Zutaten für 1 Person
1 Eßlöffel frisch geschrotetes Getreide (Weizen, Roggen und Hafer)
1 Eßlöffel Honig
¹⁄₁₀ l frischgepreßter Orangensaft
1 Eßlöffel geriebene Hasel- oder Walnüsse

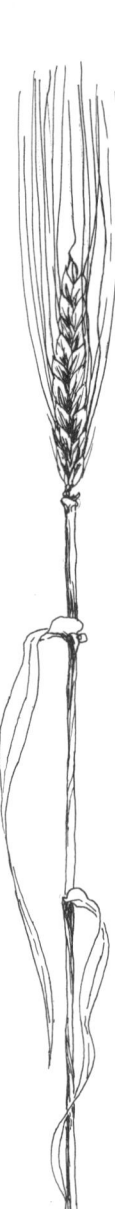

Zubereitung

Das frisch geschrotete Getreide mit kaltem Wasser verrühren und etwa 6 Stunden stehen lassen. Honig, Orangensaft und 1 Eßlöffel kaltes Wasser verrühren und zusammen mit den Nüssen unter den Getreidebrei mischen.

Dieses eher flüssige Müsli können Sie auch im Mixer herstellen.

Hafer-Müsli mit Banane

Zutaten für 1 Person
1 Eßlöffel frisch geschroteter Hafer (es kann auch Gerste oder Weizen sein)
½ bis 1 Banane
1 Teelöffel Zitronensaft
Zubereitung

Haferschrot mit kaltem Wasser zu einem Brei verrühren und etwa 6 Stunden stehen lassen. Dann mit der zerdrückten Banane, Zitronensaft und einem Eßlöffel kaltem Wasser verrühren.

Ein sehr einfaches, aber kräftigendes Müsli!

Weizenmehl-Müsli mit Fruchtkompott

Zutaten für 1 Person
250 g frische Früchte, z. B. Heidelbeeren, Sauerkirschen und Äpfel
1 Eßlöffel frisch gemahlenes Weizenmehl
ca. ⅛ l Milch
etwas Birnendicksaft
etwas Sauerrahm zum Garnieren
Zubereitung

Die Früchte waschen, Kirschen entsteinen und Apfel würfeln. Das Obst ganz kurz in wenig Wasser dünsten und abkühlen lassen. Milch mit Vollkornmehl, Birnendicksaft und dem Obst verrühren. Das Müsli in eine Schale füllen und mit etwas Sauerrahm garniert sofort essen.

Weizenmehl-Müsli mit Sauerkirschen

Zutaten für 1 Person
250 g Sauerkirschen
1 Eßlöffel frisch gemahlenes Weizenmehl
1 Eßlöffel Butter
Birnendicksaft oder Honig nach Belieben
Zubereitung

Die entsteinten Kirschen kurz in ganz wenig Wasser dünsten und etwas abgekühlt mit dem Weizenmehl, Butter und Birnendicksaft oder Honig nach Geschmack verrühren. Das Müsli bis zum Essen etwas stehen lassen.

Weizenschrot-Müsli mit Sanddorn

Zutaten für 1 Person
2 Eßlöffel Weizenschrot
½ Becher Joghurt oder Kefir
1 Teelöffel Nußmus
1 Eßlöffel eingeweichte Rosinen
1 Teelöffel Weizenkeimflocken
je 1 Teelöffel Honig und Sanddornsaft
1 Prise Vollmeersalz
Zubereitung
Den frisch geschroteten Weizen ca. 6 Stunden in wenig kaltem Wasser quellen lassen. Dann mit Joghurt, Nußmus, Weizenkeimflocken, Rosinen, Honig und Sanddornsaft sowie einer Prise Meersalz verrühren. Das Müsli sofort essen.
Die Prise Meersalz rundet den Geschmack wundervoll ab.

Weizenkeim-Blitz-Müsli

Wenn Ihnen mal ganz wenig Zeit am Morgen bleibt, versuchen Sie dieses einfache, schnell zubereitete Müsli, das allerdings ziemlich eiweißreich ist.
Zutaten für 1 Person
½ Banane
1 Eigelb
je 1 Teelöffel Honig und Zitronensaft

1 Eßlöffel Weizenkeimflocken
Zubereitung
Die zerdrückte Banane mit Eigelb, Honig und Zitronensaft verrühren. Dann die Weizenkeimflocken untermischen. Das Müsli sofort essen.

Kollath-Müsli

Ein Müsli-Klassiker, das der Ernährungswissenschaftler Professor Dr. Werner Kollath zusammengestellt hat.
Zutaten für 1 Person
1 bis 2 Eßlöffel frisch geschroteter Weizen
150 g Trockenfrüchte (Feigen, Datteln, Rosinen, Apfelringe)
1 Eßlöffel Zitronensaft
eine Handvoll vorbereitete frische Früchte (je nach Jahreszeit)
1 Eßlöffel gemahlene Haselnüsse
Zubereitung
Den frisch geschroteten Weizen mit kaltem Wasser zu einem Brei verrühren und über Nacht ausquellen lassen. Die Trockenfrüchte ebenfalls in ca. 3 Eßlöffeln kaltem Wasser weichen lassen. Am Morgen den Getreidebrei mit den zerkleinerten Trockenfrüchten, Zitronensaft und dem frischen Obst in

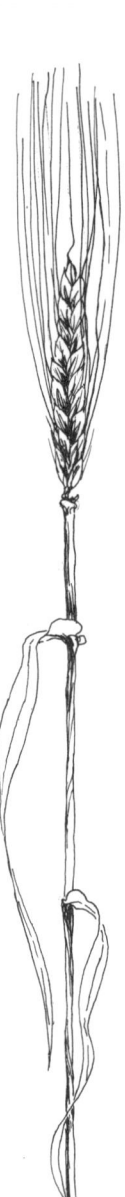

einer Schale mischen und mit den Nüssen bestreuen.

Fünfkorn-Müsli mit Grapefruit

Zutaten für 1 Person
2 Eßlöffel frisch geschrotete Vollkornmischung (aus Hafer, Gerste, Weizen, Hirse und Roggen)
Saft einer halben Grapefruit
1 Eßlöffel Honig oder 50 g zerkleinerte Trockenfrüchte
1 Teelöffel Leinsamen
1 kleiner geriebener Apfel
10 g gehackte Nüsse
1 Eßlöffel Joghurt oder Schlagsahne
100 g gewürfeltes Grapefruitfleisch
Zubereitung

Vollkornschrot mit kaltem Wasser zu einem Brei verrühren und über Nacht stehen lassen. Am Morgen mit Grapefruitsaft, Honig oder Trockenfrüchten, Leinsamen, Apfel, Nüssen und Joghurt oder Sahne vermischen. Zum Schluß die Grapefruitwürfel unterheben.

Das etwas säuerliche, sehr erfrischende Müsli sofort essen.

Leinsamen-Müsli mit fruchtiger Quarkcreme

Zutaten für 1 Person
2 Eßlöffel Leinsamen-Honig-Granulat (aus dem Reformhaus)
2 Eßlöffel frisch gepreßter Orangensaft
100 g verlesene und gewaschene Himbeeren oder Heidelbeeren
70 g Magerquark
1 Teelöffel Honig
4 Eßlöffel Milch
1 Eßlöffel Weizenkeim- oder Leinöl
1 kleiner saftiger Apfel
gehackte Nüsse zum Garnieren
Zubereitung

Leinsamen-Honig-Granulat in einen tiefen Teller geben und mit dem Orangensaft beträufelt einige Zeit ziehen lassen. Inzwischen die Beeren in einer Schüssel mit der Gabel zerdrücken und dann gut mit dem Quark vermischen. Nun mit einem kleinen Schneebesen nach und nach Honig, Milch und das Öl unter den Quark rühren. Es sollte dabei eine glatte Creme entstehen, vor allem muß das Öl vollkommen aufgenommen sein.

Den gewaschenen Apfel mit der Schale über das Leinsamen-Honig-Granulat raffeln, dann sofort die Quarkcreme darübergießen.

Das Müsli mit gehackten Nüssen bestreuen und sofort essen.

Gefüllte Pfirsiche auf Fünfkornschrot

Zutaten für 1 Person

2 Eßlöffel frisch gemahlenes Fünfkornschrot (Hafer, Gerste, Weizen, Hirse und Roggen zu gleichen Teilen)
1 Eßlöffel Zitronensaft
1 Teelöffel Honig
1 großer saftiger Pfirsich
7 geschälte und geriebene Mandeln
1 kleingeschnittene Dattel
etwas mit Honig gesüßte steifgeschlagene Sahne

Zubereitung

Fünfkornschrot mit kaltem Wasser anrühren und den Brei über Nacht quellen lassen. Am nächsten Morgen in einem Teller mit Zitronensaft und Honig verrühren. Den gewaschenen Pfirsich halbieren, Kern entfernen und mit der Schnittfläche nach oben auf den Getreidebrei legen. Geriebene Mandeln und Dattelstücke mit der Sahne vermischen und die Pfirsichhälften damit füllen. Eventuell noch mit Mandelstückchen garnieren.

Dieses dekorative Müsli ist auch eine gute Dessert-Idee.

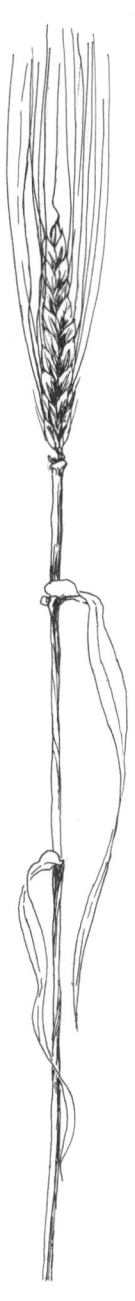

Das Müsli für den ganzen Tag
und rund ums Jahr

Berufstätige und Leute, die geschäftlich viel unterwegs sind, ernähren sich erfahrungsgemäß nicht sehr gesund. Sie sind meist gezwungen, ihre Mahlzeiten in Kantinen und Restaurants einzunehmen, in denen das Essen bedauerlicherweise aus viel zu viel Fleisch, schädlichen denaturierten Fetten, weißem Industriezucker und Industriemehl, viel zu viel Salz und viel zu wenig frischem Gemüse und Obst besteht.

Die gesundheitlichen Folgen sind oft ein permanenter Mangel an Vitaminen, Spurenelementen, Mineral-stoffen und die Neigung zu Überge-wicht.

Das Müsli kann in dieser Situation der Retter der Gesundheit sein. Vielleicht überzeugt Sie einer der folgenden Vorschläge:

– Essen Sie am Morgen ein stärkendes Müsli, damit Sie tagsüber weniger Hunger haben und nehmen Sie in der Kantine oder im Gasthaus nur eine kleine Mahlzeit zu sich, die nicht allzu viel Ungesundes enthält. Am Abend sollten Sie dann unbedingt eine voll-wertige Mahlzeit mit Frischkost und Vollkornprodukten essen.

– Sofern Sie zu den Normal-Frühstük-kern gehören, sollten Sie sich zur Ar-beit ein bereits fertig vorgemischtes Müsli in einem Becher mitnehmen, das Sie dann zu Mittag nur noch mit Milch oder Joghurt verrühren. So kön-nen Sie vielleicht ganz auf das Kanti-nen- oder Gasthausessen verzichten.

– Essen Sie morgens zu Hause oder vormittags am Arbeitsplatz eine kräfti-ge Portion Müsli, mit dem Sie pro-blemlos über den Tag kommen. Das ist allerdings nur anzuraten, wenn Sie keine allzu schwere körperliche Arbeit verrichten.

Müslis, die besonders anhaltend sätti-gen und eine volle Mahlzeit ersetzen

sollen, dürfen ruhig als Hauptbestand-teil eine möglichst große Portion (6 bis 7 Eßlöffel) Getreide und nahrhafte Ex-tras wie Nüsse, Maronen, Datteln und Weizenkeimöl enthalten.

Maronen oder Eßkastanien füllen auf angenehme Weise den Magen, sind leicht verdaulich und sättigen anhal-tend. Sie enthalten hochwertiges Ei-weiß, gut verdauliche Fette, Kohlenhy-drate, Natrium, Kalium und eine Reihe weiterer Mineralstoffe. Außerdem weist die Frucht einen beträchtlichen Basenüberschuß auf, der sich ausglei-chend auswirkt, wenn wir übersäuerte Nahrung zu uns nehmen.

Es lohnt sich also, die ein wenig um-ständliche Vorbereitung des Schälens und Kochens in Kauf zu nehmen.

Naturreis kräftigt unsere Nerven

Im Laufe eines arbeitsreichen Tages werden nicht nur unsere Körperkräfte, sondern vor allem auch die Nerven reichlich strapaziert. Daher ist es wich-

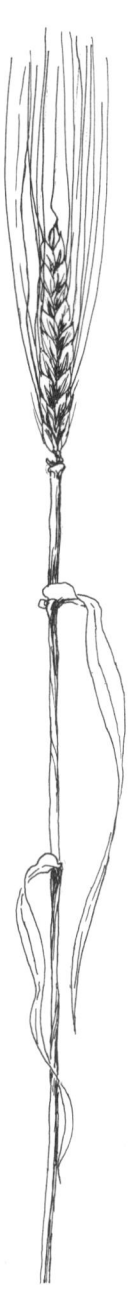

tig, daß das »Durchhalte-Müsli« auch mit einer zusätzlichen Nervennahrung angereichert wird. Selbstverständlich erfüllt bereits das Vollkorn diese Aufgabe. Doch mit Naturreis bieten wir unseren geplagten Nerven einen »Spezial-Service«.

Es muß allerdings tatsächlich Naturreis oder Vollreis aus dem Reformhaus oder aus der Reformabteilung des Supermarktes sein, denn der handelsübliche geschälte Reis enthält nur noch wenig Wertvolles und kann das Müsli nicht verbessern. Außerdem sättigt Naturreis besser und erfüllt damit ideal seine Aufgabe im Durchhalte-Müsli für den ganzen Tag.

Reis kann man nicht in rohem Zustand verzehren, aber er enthält soviele Vitalstoffe, daß er auch gekocht oder gedünstet noch seine Wirkung hat.

In dem kleinen, unscheinbaren Reiskorn stecken viele wichtige Stoffe: Kalium, Kalzium, Magnesium, Phosphor, Kupfer, Mangan, Zinn, Fluor, Bor, die Vitamine B_1, B_2, B_6, Pantothensäure und vor allem ein ungewöhnlich hoher Anteil an Vitamin Inosit, das zur B_2-Gruppe gehört. Dieses Inosit greift aktiv in den Kohlenhydrat- und Fettstoffwechsel ein. Kalium, Kalzium und Magnesium wiederum fördern die Wasserausscheidung. Naturreis ist also so

reich an wichtigen Nährstoffen, Mineralstoffen, Vitaminen und Spurenelementen, daß schon kleine Mengen genügen, um ein Sättigungsgefühl zu erzeugen und keinen Hunger aufkommen zu lassen. All das gilt allerdings nicht für den geschälten, polierten

Reis, der praktisch leer ist. Das Wertvolle steckt beim Vollreis nämlich im Silberhäutchen; hier finden wir u. a. das kostbare Vitamin B_1, das vom menschlichen Organismus nur schwer gespeichert werden kann und ihm daher ständig zugeführt werden muß. Vitamin B_1 ist aber für den Kohlenhydratstoffwechsel unentbehrlich.

Besonders wer regelmäßig Alkohol trinkt, sollte seinem Durchhaltemüsli Vollreis zufügen, weil zur Verbrennung von Alkohol im Körper viel Vitamin B_1 benötigt wird.

Im Silberhäutchen des Naturreis steckt, wie schon erwähnt, auch Magnesium.

Der Ernährungsforscher Dr. I. H. Schmitt hat darauf hingewiesen, daß jeder zehnte Europäer an akutem Magnesiummangel leidet. Die Folgen eines solchen Mangels sind frühzeitiges Altern und Störungen des Nervensystems, der Muskulatur und des Kreislaufs. Auch ist es wichtig zum Schutz gegen Arteriosklerose. Man beugt durch ausreichende Zufuhr von Magnesium Kopf- und Nackenschmerzen, aber auch Muskelkrämpfen vor. Die empfohlene Tagesmenge von 500 mg Magnesium ist bereits in 200 g Vollreis enthalten. Um diese Menge aus geschältem, poliertem Reis zu beziehen, müßte man pro Tag 2 Kilo davon essen.

So wird Naturreis für das Müsli eingesetzt:
Entweder Sie kaufen im Reformladen Reisflocken oder Reiskeimlinge und mischen Sie in Ihr Durchhalte-Müsli oder Sie bereiten sich Naturreis selber zu. Rühren Sie ½ Tasse Vollreis-Schrot aus dem Reformhaus in kaltes Wasser ein und lassen Sie ihn zu einem Brei verkochen. Von diesem Brei mischen Sie einen Teil oder alles in das Müsli, das Ihnen tagsüber besonders viel Kraft geben soll.

Rezepte für die besten Durchhalte-Müslis

Weizenkeim-Maronen-Müsli
Zutaten für 1 Person
100 g Maronen
10 g Honig
3 bis 4 Eßlöffel Weizenkeimflocken
1 Becher Bio-Joghurt
3 Eßlöffel frische, kleingeschnittene Obststücke
Zubereitung
Die geschälten Maronen in etwas Wasser weichkochen, dann zu einem Brei zerdrücken und mit dem Honig verrühren. Das Ganze zur Verfeinerung durch eine Kartoffelpresse oder durch den Fleischwolf treiben. Die Weizenkeimflocken in einem tiefen Teller mit dem Maronen-Brei verrühren, den Bio-Joghurt daraufgießen und das Müsli mit frischen, zerkleinerten Früchten garnieren.

Dörrobst-Müsli mit gebratenen Maronen
Zutaten für 1 Person
100 g Maronen
125 g gemischte Gersten-, Hafer- und Weizenflocken
50 g geriebene Haselnüsse
1 Eßlöffel Honig
1 Becher Joghurt oder Bio-Joghurt

Zubereitung
Die Maronen kreuzweise einschneiden und in den heißen Backofen legen. Nach 10-15 Minuten herausnehmen. Die Schale abziehen, die Maronen in kleine Stücke hacken. Die Getreideflocken, die geriebenen Haselnüsse, den Honig und Joghurt mit dem Dörrobst, das Sie zuvor ein paar Stunden in Wasser eingeweicht haben, in einen tiefen Teller geben und die Maronenstücke darüberstreuen.

Reiskeim-Tagesmüsli
Zutaten für 1 Person
2 Eßlöffel Reiskeimlinge
1 Teelöffel Leinsamen
1 Teelöffel Sojaflocken
5 Tropfen Granoton (aus dem Reformhaus)
8 Eßlöffel Wasser
1 Eßlöffel Zitronensaft
1 Eßlöffel Kondensmilch
150 g geriebene Äpfel
Zubereitung
Die Reiskeimlinge, den Leinsamen, die Sojaflocken, Granoton, Wasser, Zitronensaft, Kondensmilch und die geriebenen Äpfel in einem tiefen Teller mischen und gut verrühren. Langsam essen und gut kauen!

Milchreis-Schrotmüsli
Zutaten für 1 Person
125 g Gersten-, Weizen- und Haferschrot zu gleichen Teilen
4 Teelöffel Leinsamen
¼ l Wasser
120 g Naturreis
⅛ l Wasser
¼ l Milch
1 Messerspitze Vanille
25 g Butter
etwas Birnendicksaft
1 Eßlöffel Honig
1 Eßlöffel Zitronensaft
30 g Haselnüsse
1 geriebener Apfel
200 g frische Früchte
Zubereitung
Getreideschrot über Nacht mit Leinsamen und Wasser einweichen. Am nächsten Morgen den Naturreis mit dem Wasser zum Kochen bringen, die Milch dazugießen. Den Reis langsam garen. Mit etwas Vanille verfeinern. Die Butter zerlassen und mit dem Birnendicksaft darüberträufeln. Eingeweichten Getreideschrot in einem tiefen Teller mit dem Honig, dem Zitro-

nensaft, den Haselnüssen, den geriebenen Äpfeln und den zerkleinerten Früchten sowie mit Joghurt verrühren und dann den Milchreis daruntermischen.

Bankhofer-Tagesmüsli
Zutaten für 1 Person
Je 1 Eßlöffel Weizenkeimflocken,
Haferflocken, Hirseflocken und
Roggenflocken
1 Teelöffel frisch gemahlene Hirse
10 g geriebene oder gehackte
Haselnüsse
5 feingeschnittene Datteln
1 Eßlöffel Rosinen
1 Teelöffel Honig
2 Teelöffel Weizenkeimöl
1 Apfel
1 Banane
⅛ l warme Frischmilch oder
Bio-Joghurt
Zubereitung
Die Getreideflocken in einem tiefen Teller verrühren. Die frisch gemahlene Hirse, die Haselnüsse, die Datteln, die Rosinen und den Honig sowie das Weizenkeimöl damit vermischen. Den Apfel und die Banane in feinen Scheiben zugeben. Die Milch oder Bio-Joghurt über das Müsli gießen und gut durchrühren. Etwas durchziehen lassen und mit Genuß verzehren.

Diese Müslimischung hat der Autor jahrelang als Durchhaltemüsli erprobt. Wenn man es am Morgen oder am frühen Vormittag verzehrt, kann man leicht auf ein Mittagessen außer Haus verzichten. Sie ist also auch als Hauptmahlzeit vielfach bewährt.

Hirse-Müsli-Pudding
Zutaten für 1 Person
250 g Hirseflocken
eine Handvoll frische Beeren und 2 ge-
riebene Äpfel
3 Eßlöffel Honig
2 Becher Bio-Joghurt
2 Eßlöffel gemahlene Nüsse
Zubereitung
Die Hirseflocken in einen tiefen Teller schütten und mit den frischen Beeren und Äpfeln mischen. Einige Minuten stehen lassen. Den Honig mit dem Bio-Joghurt mischen und schaumig schlagen. Die Flüssigkeit über die Hirseflocken mit den Früchten gießen und die Nüsse darüberstreuen.

Die Jahreszeiten-Müslis

An keiner Speise läßt sich die Jahreszeit so deutlich ablesen wie an einem Müsli, das reichlich mit den Früchten der Saison angerichtet ist. Das Obst im

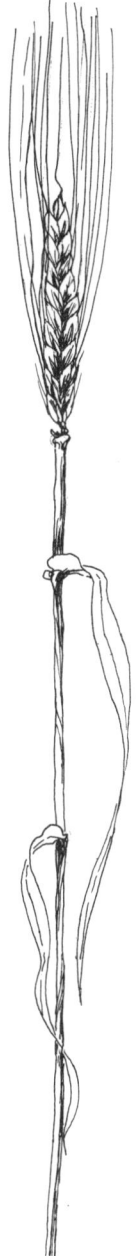

Müsli hat zwei Vorteile für den, der es ißt:

– Es versorgt den Organismus mit Vitaminen, Mineralstoffen, Spurenelementen und Ballaststoffen.

– Es macht das Müsli besonders erfrischend und leicht verdaulich.

Im Obstmüsli verbinden sich die Kräfte des Getreides mit denen der frischen Früchte. Dabei ist es wichtig, welches Obst man zu welcher Jahreszeit ins Müsli rührt. Jede Obstsorte hat ihre eigene Wirkung.

Eine zentrale Funktion im Müsli hat in jedem Fall der Apfel. Er wurde ja schon von Bircher-Benner zum Müsli-Obst schlechthin bestellt. Von seinen wertvollen Inhaltsstoffen ist im »Müsli-Einmaleins« die Rede.

Bananen-Müsli
beruhigt die Nerven

Jedermann/frau kann am Morgen etwas Nervenberuhigendes gebrauchen. Aber nicht etwa in Form eines Medikaments. Eine Banane im Müsli tut's nämlich auch. Von ihr profitieren wir auf verschiedene Weise: Sie enthält die Hormone Serotonin und Norepinnephrin, Stoffe, die eine ausgezeichnete Wirkung auf unsere Nerven haben. Außerdem regt sie die Herztätigkeit an. Nach jüngsten Forschungen von Prof.

Kichi Kurijama in Tokio hat die Banane im Müsli aber auch eine stimulierende Wirkung, könnte also ein Heilmittel gegen sexuelle Unlust sein.

Die Banane im Müsli wurde vom amerikanischen National Institute of Health in Bethesda als eines der wertvollsten Bestandteile bestätigt, weil sie den gesamten Organismus stärkt und die Vitalität steigert. Wir können sie als eine Art Verjüngungsmittel betrachten und deshalb mit besonderem Genuß verzehren.

Die Banane ist besonders vitaminreich, enthält sie doch die Vitamine A, B_1, B_2, B_6, B_{12}, C, D und E. Sie ist reich an Kalium, Phosphor, Eisen, Magnesium, Kalzium, Fluor und Jod, dabei nahezu salzfrei und kein Cholesterinlieferant. Sie spendet dem Körper nur wenig, aber hochwertiges Fett. Bananen sind außerdem schnell und leicht verdaulich. Sie versorgen – was beim Müsli am Morgen besonders wichtig ist – den Körper rasch mit Energie und regulieren durch ihre basische Wirkung den Säurehaushalt. Bananen fürs Müsli sind das ganze Jahr über in gleichbleibender Qualität zu haben.

Allerdings muß der Müsli-Experte wissen: Die geschälte Banane verfärbt sich rasch und büßt ebenso schnell wichtige Inhaltsstoffe ein. Sie sollte deshalb erst unmittelbar vor dem Verzehr dem Müsli zugefügt werden. Man bewahrt Bananen am besten an einem kühlen, luftigen Ort auf, niemals aber im Kühlschrank. Hier wird der Reifeprozeß unterbrochen, und die Banane verliert ihre Wirkstoffe. Bananen kann man auch nicht einfrieren. Große schwarze Flecken auf der Banane sind ein Zeichen dafür, daß sie sich bereits im Verfallsstadium befindet und viel von ihrem Wert verloren hat. Braune Tupfen auf der gelben Schale aber sind ebenso wie eine goldgelbe Schale ein Zeichen der Reife.

Birnen-Müsli
tut dem Gehirn wohl

Die Birne im Müsli ist eine ganz besonders wertvolle Frucht. Sie versorgt uns mit Substanzen, die für die Gehirntätigkeit wichtig sind. Neben Vitamin C, Pektin sowie Kombinationen von Mineralstoffen und Spurenelementen, die noch nicht genau erforscht sind, enthält sie vor allem Phosphor. Das wirkt sich günstig auf die Konzentrations- und Denkfähigkeit aus. Die Birne im Müsli ist also jedem zu empfehlen, der angestrengt mit dem Kopf arbeiten muß. Bei geistiger Erschöpfung gibt sie neue Kraft. Birnen-Müsli ist genau das Richtige vor großen beruflichen Aufgaben oder vor Prüfungen in der Schule. Kinder, die morgens ihr Müsli mit Birnen essen, sind in der Schule konzentrierter. Ältere Menschen können sich damit ihre Konzentrationsfähigkeit erhalten und geistig aktiver bleiben.

Ananas-Müsli
bewahrt die Liebeskraft

Sexualforscher sind der Meinung, daß reichlicher Genuß von Ananas die Liebeskraft stärkt und erhält. Ananas im Müsli enthält eine Reihe von Wirkstoffen, deren Funktionen noch nicht im einzelnen erforscht sind. In amerikanischen Krankenhäusern hat man durch Zugabe von Ananas zum Morgenmüsli erreicht, daß ältere Patienten Schwä-

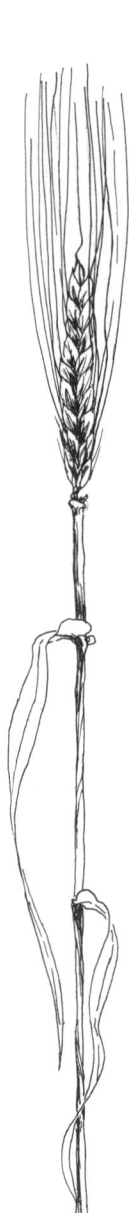

chezustände abbauen konnten und Schwindelanfälle loswurden.

**Pfirsich-Müsli
macht eine schöne Haut**
Ein paar frische, saftige Pfirsiche im Morgenmüsli schmecken nicht nur vorzüglich, sie bringen auch einen hohen Gehalt an Vitamin A und C mit. Zudem sind sie reich an Apfel- und Zitronensäure, aber auch an Kupfer und Mangan. Pfirsiche im Müsli helfen, Rheumaschmerzen zu lindern, beugen Muskelerkrankungen vor, stoppen den Kräfteverschleiß im Alter, stärken die Widerstandskraft und sind last not least die reinsten Schönheitsmittel, weil sie die Haut zart und geschmeidig machen. Reichlicher Pfirsich-Genuß hat also eine mindestens ebenso heilsame Wirkung wie manche Schönheitsprozedur.

**Weintrauben-Müsli
entschlackt ideal**
Die Weintraube wurde schon in der Antike als Mittel zur Erhaltung der geistigen und körperlichen Frische hochgeschätzt. Ihre Wirkung können wir gerade am Morgen gut gebrauchen. Darum sollten wir die Traubenzeit nützen und möglichst oft Trauben in unser Getreidefrühstück mischen.

Trauben enthalten reichlich Vitamin C, A, B_1 und B_2 sowie Niacin. Außerdem liefern sie viele Ballaststoffe, regen die Verdauung an und helfen, Schlackenstoffe rasch aus dem Körper zu entfernen.

Günstig ist, an vier, fünf Tagen hintereinander reichlich Trauben ins Müsli zu geben. Eine solche Traubenmüsli-Kur wirkt besonders entschlackend. Die Weintrauben fürs Müsli müssen gut gewaschen und dann mit Schale und Kernen gegessen werden. Die Schalen wirken als Ballaststoffe, und die Traubenkerne enthalten wertvolle Substanzen. Zum Müsli mit Trauben sollte man viel Mineralwasser trinken, damit freiwerdende Gift- und Schlackenstoffe rascher abtransportiert werden können.
Müsli mit Weintrauben bringt auch die Leber auf Touren, reguliert den Kreislauf, regt die Nierentätigkeit an und hebt ganz allgemein die Stimmung.

Nach einem Traubenmüsli geht man fröhlicher an die Arbeit und hat mehr Energie und Spannkraft.

Holunder-Müsli verjüngt das Blut
Schwarzer Holunder ist ein probates Mittel der Volksheilkunde. Die kleinen Beeren haben einen sehr hohen Gehalt an Vitamin B und wirken blutbildend. Außerdem sind sie ein hervorragendes Mittel gegen Neuralgien.

Rezepte für Jahreszeiten-Müslis

Obstsalat-Müsli
Zutaten für 1 Person
3 Eßlöffel Getreideflocken (zu gleichen Teilen Hafer, Weizen, Gerste, Hirse) oder geschrotete Körner, die über Nacht eingeweicht werden
2 bis 4 Eßlöffel Birnendicksaft
12 Eßlöffel Traubensaft
1 Eßlöffel Zitronensaft
200 g Früchte (z. B. Aprikosen, Pfirsiche, Pflaumen, Orangen, Äpfel, Melonen oder Bananen)
1 Eßlöffel Rosinen
2 Eßlöffel Pinienkerne

Zubereitung
Getreideflocken oder geschrotete Körner in eine Schüssel geben. Den Birnendicksaft mit Wasser aufkochen, den Traubensaft und den Zitronensaft dazugeben. Abkühlen lassen. Die zerkleinerten Früchte in den Sirup legen und eine Stunde ziehen lassen. Dann die Rosinen und Pinienkerne dazumischen und das Ganze über die Getreideflocken oder die geschroteten und eingeweichten Körner gießen. Umrühren und genießen.

Bananencreme-Müsli
Zutaten für 1 Person
1 Becher Joghurt oder Bio-Joghurt
1 Eßlöffel Zitronensaft
1 Teelöffel Honig
1 Banane
3 Eßlöffel Getreideflocken (zu gleichen Teilen Weizen, Gerste und Hirse) oder von diesen Getreidesorten geschrotete und über Nacht eingeweichte Körner
Zubereitung
Joghurt und Zitronensaft gut mischen, den Honig dazurühren. Die eine Hälfte der Banane mit einer Gabel zermusen, die andere Hälfte in dünne Scheiben schneiden. Alles in einen Teller geben, die Getreideflocken oder die geschroteten und eingeweichten Körner dazurühren.

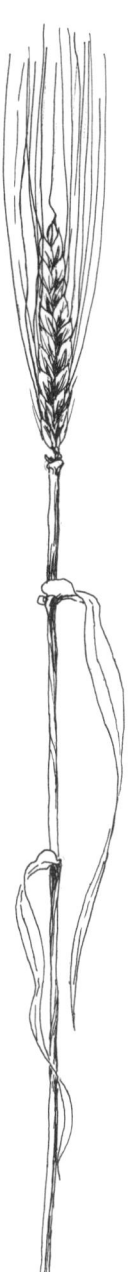

Rohkompott-Müsli

Zutaten für 1 Person
200 g weiche, süße Früchte (z. B. Apri-
kosen, Pfirsiche, Bananen oder
Beeren)
5 Eßlöffel Apfelsaft
½ Eßlöffel Zitronensaft
1 Eßlöffel Birnendicksaft
4 Eßlöffel Sauerrahm
3 Eßlöffel Getreideflocken (Hafer,
Gerste, Weizen und Hirse)
Zubereitung
Die Früchte – nur eine Sorte oder
gemischt – durch ein Sieb streichen,
das Fruchtmark mit Apfelsaft und Zitronensaft verrühren. Mit dem Birnendicksaft süßen. Den Sauerrahm dazugeben und die Masse über die Getreideflocken gießen. Umrühren und etwas durchziehen lassen.

Holunder-Müsli

Zutaten für 1 Person
250 g reife Holunderbeeren
125 g Birnen
125 g Pflaumen
40 g Honig
1 Prise gemahlener Zimt
40 g Rinde von Vollkornbrot
2 Eßlöffel Schlagsahne
3 Eßlöffel geschrotete und über Nacht
eingeweichte Weizen-, Gersten- und
Haferkörner

Zubereitung
Die Holunderbeeren abzupfen, gründlich waschen und zum Abtropfen auf
ein Sieb geben. Die Birnen schälen
und in kleine Stücke schneiden, die
Pflaumen entkernen und zerschnei-
den. Die Früchte mit wenig Wasser
und Honig erhitzen und einmal aufkochen. Zimt und zerkrümelte Brotrinde
dazugeben. Die Mischung bei schwacher Hitze zu einem Kompott kochen.
Abkühlen lassen und die Schlagsahne
unterheben. Über die in einem tiefen
Teller angerichteten eingeweichten
Getreidekörner gießen.

Himbeer-Müsli

Zutaten für 1 Person
100 g frische oder tiefgekühlte
Himbeeren
2 Eßlöffel Sahne
50 g Quark
1 Teelöffel Honig
2 Eßlöffel Hirseflocken
1 Prise Meersalz
Zubereitung
Die Himbeeren waschen, mit Sahne,
Quark und Honig gut verrühren und
unter die Hirseflocken mischen. Mit
Meersalz würzen.

Müsli von geraspelten Birnen

Zutaten für 1 Person
4 Eßlöffel Haferflocken
¹/₈ l Buttermilch
1 Teelöffel Honig
1 Teelöffel Rosinen
1 Birne
Zubereitung
Die Haferflocken mit Buttermilch, Honig und den Rosinen verrühren. Die Birne waschen und halbieren, Kerngehäuse entfernen, die Hälften auf einer groben Reibe raspeln. Mit den angemachten Flocken vermischen, etwas durchziehen lassen.

Beerenschaum-Müsli

Zutaten für 1 Person
3 bis 4 Eßlöffel Vollkornhaferflocken
1 Ei
1 Eßlöffel Honig
1 Tasse frische Beeren (Heidelbeeren, Himbeeren, Johannisbeeren oder Erdbeeren)
Zubereitung
Die Haferflocken auf einen tiefen Teller füllen. Das Ei trennen. Das Eiweiß mit dem Honig zu Schnee schlagen. Dann das verquirlte Eigelb unterziehen. Die Früchte im Mixer pürieren, zum Ei geben und das Ganze unter die Flocken mischen. Ein wenig stehen lassen und dann erst essen.

Apfel-Spezial-Müsli

Zutaten für 1 Person
1 Apfel
1 Becher Joghurt oder Bio-Joghurt
1 Eßlöffel Honig
3 bis 4 Eßlöffel Vollkornhaferflocken
Zubereitung
Den Apfel schälen und reiben oder in ganz kleine Stücke schneiden. Mit Joghurt und Honig gut verrühren und in einen tiefen Teller geben. Die Vollkornhaferflocken untermischen, das Müsli etwas ziehen lassen.

Birnen-Müsli

Zutaten für 1 Person
1 saftige Birne
1 Becher Bio-Joghurt
1 Eßlöffel Honig
1 Prise Zimt
1 Messerspitze Vanillezucker
1 Eßlöffel gehackte Walnüsse oder Haselnüsse
2 bis 3 Eßlöffel Vollkornhaferflocken
Zubereitung
Die Birne schälen und in ganz dünne Scheiben schneiden. Die Schnitze in einem tiefen Teller mit Honig, Zimt und Vanillezucker verrühren und mit Joghurt übergießen. Die Nüsse und die Vollkornhaferflocken darunterrühren. Das Müsli einige Minuten durchziehen lassen.

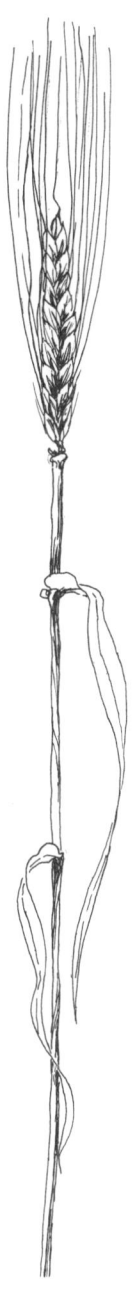

Weintrauben-Müsli

Zutaten für 1 Person

3 bis 4 Eßlöffel Vollkornhaferflocken
½ Teelöffel Butter
1 Teelöffel Honig
60 g weiße Trauben
60 g blaue Trauben
120 g Sahnequark
1 Teelöffel Zitronensaft
1 Eßlöffel Honig

Zubereitung

Die Vollkornhaferflocken unter ständigem Rühren in der Butter goldgelb rösten, den Honig zugeben und die Flocken noch eine Minute weiterrösten. Die gewaschenen Weintrauben halbieren. Den Sahnequark mit Zitronensaft und Honig zu einer Quarkcreme verrühren. Die gerösteten Haferflocken und die Trauben vermischen und mit dem Sahnequark übergießen. Das Müsli gleich essen.

Exotic-Müsli

Zutaten für 1 Person

3 Eßlöffel Vollkornhaferflocken
½ Teelöffel Butter
1 Eßlöffel Honig
1 Kiwi

½ Banane
½ Mango
1 Nektarine
1 Teelöffel Zitronensaft
100 g süße Sahne

Zubereitung

Die Vollkornhaferflocken unter ständigem Rühren in der Butter goldgelb rösten, einen halben Eßlöffel Honig zugeben und noch eine Minute weiterrösten. Kiwi, Banane und Mango schälen und in dünne Scheiben schneiden. Die gewaschene Nektarine halbieren, vom Kern befreien und ebenfalls in Scheiben schneiden.

Die Früchte vermischen und mit dem restlichen Honig süßen, mit Zitronensaft abschmecken und in einen tiefen Teller geben. Mit den gerösteten Flocken bestreuen und mit der Sahne übergießen.

Das Exotic-Müsli ist übrigens an keine Jahreszeit gebunden, da Sie die Früchte das ganze Jahr über kaufen können.

Pfirsich-Hafer-Müsli

Zutaten für 1 Person

3 Eßlöffel Vollkornhaferflocken
etwas Milch
2 Pfirsiche
etwas Honig nach Geschmack
Schlagsahne zum Garnieren

Zubereitung
Die Vollkornhaferflocken 15 bis 20 Minuten in etwas Milch einweichen. Die Pfirsiche halbieren, die Kerne entfernen, die Hälften in dünne Scheiben schneiden. Die Früchte unter die Flocken rühren. Das Ganze mit Honig süßen und mit einem Tupfer geschlagener Sahne verzieren. Wer will, kann natürlich auch Sahnejoghurt verwenden.

Apfelsinen-Müsli
Zutaten für 1 Person
2 Apfelsinen
1 Eßlöffel Honig
3 bis 4 Eßlöffel Fünfkornflocken oder ebenso viele geschrotete und eingeweichte Körner von Hafer, Gerste, Weizen, Hirse und Roggen
Zubereitung
Die geschälten Apfelsinen in kleine Stücke schneiden und mit Honig beträufeln. Einige Minuten ziehen lassen, so daß sich etwas Saft bildet. Die Fünfkornflocken oder die geschroteten und eingeweichten Körner damit vermischen. Noch feiner wird das Müsli mit ein paar gehackten Nüssen und etwas flüssiger Sahne.

Bananen-Apfelschaum-Müsli
Zutaten für 1 Person
1 Banane
50 g Magerquark
etwas Milch
1 saurer, saftiger Apfel
2 Scheiben von einer frischen Ananas
etwas Zimt
Ingwer
1 Teelöffel Honig
3 Eßlöffel Kornflocken (Gerste, Weizen, Hafer, Hirse)
Zubereitung
Die Banane schälen, mit einer Gabel zerdrücken und mit dem Magerquark und der Milch schaumig schlagen. Den Apfel waschen, entkernen und reiben. Bananenmus, Ananasstücke und Apfel verrühren, mit Zimt und Ingwer würzen, mit Honig süßen und mit den Kornflocken verrühren.

Gemüse als Müsli-Zutat

Der eine oder andere wird jetzt gewiß ungläubig den Kopf schütteln: Gemüse-Müsli? So etwas gibt's? Natürlich, das Müsli soll grundsätzlich eine süße Mahlzeit sein. Insofern ist es ja wirklich

schwer vorstellbar, daß man auch Gemüse mit dem Getreide vermischt.
Und doch gibt es Müsli mit Gemüse. Wie es ja auch Karotten- bzw. Möhrenkuchen gibt.
Außer Möhren eignen sich auch Sprossen und Keime als Ingredienzien für das Müsli.

Möhren-Müsli ist wohltuend für die Augen

Die Möhre ist reich an Vitaminen, sie stärkt die Widerstandskraft gegen Infektionskrankheiten und Nervenentzündungen. Auch ist sie ein ausgezeichnetes Mittel gegen Vitaminmangel im Winter, im Frühjahr oder nach längerer Krankheit. Dabei spielt das in der Möhre enthaltene Karotin eine wichtige Rolle. Daraus kann der Körper das Provitamin A herstellen, das blutreinigende und blutbildende Wirkung hat. Mangel an Vitamin A kann zu Nachtblindheit führen.
Allerdings kann die Möhre ihre erfreuliche und der Gesundheit förderliche Wirkung nur haben, wenn sie roh ins Müsli kommt und aus biologischem Anbau stammt.

Müsli mit Sprossen und Keimen

Das Müsli wird zum besonderen Aktivposten für den Start in den Tag, wenn es durch ganz spezielles »Gemüse« bereichert wird: durch Sprossen und Keime. Sie sind nämlich das biologisch sauberste Gemüse, das wir auf unseren Teller bringen können, weil sich Sprossen und Keime auch in der Wohnung ziehen und ernten lassen.
Das Wunder der Sprossen und Keime wurde bereits 3000 Jahre vor Christi Geburt in China entdeckt. Damals schon galten sie als Gesundmacher im Essen, die dem Menschen besondere Kraft verleihen. Heute bestätigt die Ernährungswissenschaft, daß Keime und Sprossen eine geballte Ladung von Vitaminen, Mineralstoffen und Spurenelementen darstellen und ernährungsbedingte und stoffwechselabhängige Krankheiten durch regelmäßigen Genuß von Keimen und Sprossen gebessert werden.
Das Geheimnis der »Supernahrung« Keime und Sprossen? Sie stellen den Urzustand einer Pflanze dar. Das Samenkorn, das zu keimen beginnt, sammelt all seine Kräfte, um das Entstehen einer neuen Pflanze vorzubereiten. Hinter der Schale dieses Samenkorns verbergen sich für diesen Zweck ungeheure Reserven. Mit dem keimenden

und sprossenden Korn also holen wir uns eine Vitalstoffbombe ins Müsli.

Es ist erwiesen, daß eine solche Konzentration von lebenswichtigen Stoffen wie im keimenden Samen nie mehr im Leben der Pflanze erreicht wird. Der Vitamin-C-Gehalt mancher Keime liegt mitunter um 500 Prozent höher als der der Pflanze. Der Vitamin-A-Gehalt erreicht oft das 300fache, der Vitamin-E-Gehalt liegt um 30 Prozent höher. Ganz besonders deutlich ist das bei Hafer und bei Luzerne.

Fürs »Gemüse-Müsli« verwendet man keimfähige, kleine grüne Sojabohnen, Weizenkörner, Sonnenblumenkerne, Luzerne, Haferkörner. Man besorgt sich die Körner und Bohnen im Reformhaus. Dort wird auch ein praktischer Keimapparat angeboten. Außerdem kann man Sprossen und Keime auch in einem Teller, in einer Schüssel oder in einem Einmachglas ziehen. Der Aufwand ist nur gering.

So bringt man Samen zum Keimen: Bevor die Samen zum Keimen angesetzt werden, müssen sie bei Zimmertemperatur in kaltem Wasser eingeweicht werden, und zwar fast alle Körnerarten zwölf Stunden. Nach dieser Zeit werden die Samen in einem Sieb unter fließendem Wasser gewaschen und in einem breiten Gefäß nebeneinander ausgelegt oder auf den Etagen des Keimapparates verteilt. Von da an muß man die Körner nun drei, vier Tage lang morgens und abends mit frischem Wasser begießen. Im Keimapparat rinnt das Wasser automatisch ab. Im Teller oder im Glas muß man es abgießen. Bei einer Zimmertemperatur von 22 bis 24 Grad keimen die Samen am besten. Nach vier, fünf Tagen sieht man bereits die ersten Keime. Sie sind dann fertig zum Essen. Die »Ernte« kann also beginnen. Man wäscht die Keime und Sprossen samt dem Urkorn in einem Sieb unter fließendem Wasser und reichert damit nun das Müsli an.

Gerade am Morgen sind Sprossen und Keime im Müsli höchst wirkungsvoll. Die grüne Sojabohne liefert samt ihrem Keim reichlich Vitamin A und C, Kalzium, Phosphor und Eisen. Luzerne-Sprossen versorgen uns mit den Vitaminen D, E, H, K und P, mit Aminosäuren und Mineralstoffen. Sonnenblumenkeimlinge sind reich an Phos-

phor, Kalzium, Eisen, Fluor, Magnesium, Zink, Jod, Kalium und an Vitamin D und E sowie an essentiellen Fettsäuren. Weizenkeime liefern Vitamin C und die wichtigen Vitamine B_1 und B_2, außerdem Niacin und Pantothensäure, Eisen und Mangan.

Rezepte für Gemüse-Müslis

Möhren-Flocken-Müsli
Zutaten für 1 Person
2 große Möhren
1 Teelöffel Zitronensaft
2 Eßlöffel Sahne
1 Eßlöffel Honig
4 Eßlöffel Vollkornhaferflocken
Zubereitung
Die Möhren putzen, waschen, reiben und mit Zitronensaft beträufeln. Dann Sahne, Honig und die Vollkornhaferflocken dazu rühren. Wenn das Müsli besonders delikat schmecken soll, kann man noch einen kleinen geriebenen Apfel dazugeben.

Saftiges Möhren-Müsli
Zutaten für 1 Person
150 g Möhren
½ Zitrone
1 bis 2 kleine säuerliche Äpfel
2 Eßlöffel Fünfkornflocken
1 Eßlöffel Honig
½ Orange
3 Eßlöffel Sahne
1 Messerspitze Ingwerpulver
25 g Walnußkerne
Zubereitung
Die Möhren putzen, waschen und auf der feinen Reibe raspeln. Den Zitronensaft sofort dazurühren, damit die Möhren ihre frische Farbe behalten. Die Äpfel schälen, das Kerngehäuse ausschneiden, die Äpfel reiben. Möhren und Äpfel zusammenmischen. Die Fünfkornflocken zugeben. In einer Schüssel den Honig mit dem Saft der Orange verrühren, die geschlagene Sahne unterziehen und mit Ingwer würzen. Die Creme über die Flocken-Möhren-Äpfel-Mischung gießen, 10 Minuten stehen lassen. Die Nüsse erst kurz vor dem Essen darüberstreuen.

Möhren-Joghurt-Müsli
Zutaten für 1 Person
2 Möhren
einige Tropfen Zitronensaft

1 Tasse Joghurt oder Bio-Joghurt
1 Eßlöffel Sahne
3 Eßlöffel Hirseflocken
Zubereitung
Die Möhren putzen, waschen, fein raspeln und mit Zitronensaft beträufeln.
Einige Minuten stehen lassen, dann
Joghurt und Sahne einrühren. Die Mischung über die Hirseflocken geben,
ein wenig einwirken lassen und genießen.

Möhren-Spezial-Müsli

Zutaten für 1 Person
50 g Fünfkornflocken
1 Eßlöffel gemahlene Haselnüsse
1 Eßlöffel Weizenkeime
½ Limone
1 Teelöffel Ahornsirup
6 Eßlöffel kalter Kräutertee, z. B. aus
Kamille
50 g geputzte, gewaschene Möhren
½ Teelöffel feingehackte Zitronenmelisse
½ geschälter Apfel
Zubereitung
Die Fünfkornflocken werden mit den
Haselnüssen und den Weizenkeimen
vermischt und in einem tiefen Teller
angerichtet. Limonensaft, Ahornsirup
und Kräutertee mischen und darüber
gießen. Geraspelte Möhren, Zitronenmelisse und geriebenen Apfel mi-

schen und rund um die Flocken und
Keime als Kranz anrichten.

Sojasprossen-Müsli

Zutaten für 1 Person
1 Banane
1 Apfel
1 Eßlöffel Zitronensaft
1 Tasse Sojasprossen
1 Becher Bio-Joghurt
1 Eßlöffel gemahlene Haselnüsse
1 Eßlöffel Rosinen
1 Eßlöffel in Stücke geschnittene
Datteln
Zubereitung
Die Banane schälen und in Scheiben,
den Apfel waschen und in kleine Würfel schneiden. Beides mit Zitronensaft
beträufeln. In einem tiefen Teller mit
den Sojasprossen und dem Joghurt
verrühren. Die gehackten Haselnüsse,
die Rosinen und die Datteln zum
Schluß darüberstreuen.

Luzernesprossen-Müsli

Zutaten für 1 Person
1 Tasse zerkrümeltes Vollkornbrot
1 Tasse Roggenflocken
1 Tasse Luzernesprossen
2 geriebene Äpfel
1 Eßlöffel Zitronensaft
2 Eßlöffel gehackte Mandeln
etwas Honig zum Süßen

1 Becher Bio-Joghurt
Zubereitung
Alle vorbereiteten Zutaten in einem tiefen Teller gut vermischen. Nur den Joghurt erst kurz vor dem Essen darübergießen.

Sonnenblumensprossen-Frühstück

Zutaten für 1 Person
3 kleine Äpfel
3 Eßlöffel Zitronensaft
1 Banane
1 Tasse Sprossen aus Sonnenblumenkernen
1 Tasse Weizenkeime
½ Tasse Vollkornhaferflocken
½ Becher Joghurt oder Bio-Joghurt
Zubereitung
Die gewaschenen Äpfel reiben, sofort mit dem Zitronensaft beträufeln und mit der zerdrückten Banane und den anderen Zutaten verrühren. Den Joghurt erst zum Schluß darübergießen.

Weizenkeimling-Müsli

Zutaten für 1 Person
1 Tasse Weizenkeimlinge

½ Tasse Milch
1 Teelöffel Butter
1 Tasse kleingeschnittene Datteln
1 Eßlöffel Vollkornhaferflocken
1 Eßlöffel gemahlene Haselnüsse
Zubereitung
Die Weizenkeimlinge im Mixer zerkleinern und bei schwacher Hitze 10 Minuten in der Milch kochen. Dann Butter und Datteln zugeben. Dieses besonders kräftige Frühstück mit den Haferflocken und den Haselnüssen anreichern.

Hafersprossen-Müsli

Zutaten für 1 Person
1 Apfel
½ Eßlöffel Zitronensaft
1 Tasse Hafersprossen
½ Tasse Luzernesprossen
1 Prise Zimt
1 Prise gemahlene Nelken
1 Eßlöffel Rosinen
1 Becher Joghurt
3 Eßlöffel geröstete Sprossen aus Sonnenblumenkernen
Zubereitung
Den Apfel auf der groben Reibe raspeln, mit Zitronensaft beträufeln und mit den Sprossen vermischen, mit Zimt und Nelke würzen. Die Rosinen kurz einweichen und ebenfalls zugeben. Joghurt und die Sonnenblumen-

sprossen erst kurz vor dem Anrichten zum Müsli geben.

Mandelsprossen-Müsli-Milch
Zutaten für 1 Person
½ Tasse Mandelsprossen
½ Tasse Sprossen aus Sonnenblumen-
kernen
2 Tassen klares Wasser
1 Teelöffel Honig oder 1 Prise Voll-
meersalz
Zubereitung
Die Mandelsprossen und die Sprossen von Sonnenblumenkernen im Mixer pürieren. Das Wasser dazugeben und die Müslimilch je nach Geschmack mit Honig oder Vollmeersalz abschmekken. Diese Müslimilch wird getrunken. Sie hat einen angenehmen Nußgeschmack.

Dreikorn-Sprossen-Müsli
Zutaten für 1 Person
1 Eßlöffel Roggensprossen
1 Eßlöffel Gerstensprossen
2 Eßlöffel Weizensprossen (Weizen-
keime)
2 kleine Äpfel
1 Orange
1 Teelöffel Honig
½ Teelöffel Zimt
1 Becher saure Sahne
Zubereitung
Die Getreidesprossen in einen tiefen Teller geben, mit den geriebenen Äpfeln vermischen und mit dem Saft der Orange sowie mit Honig und Zimt abschmecken. Zum Schluß die saure Sahne darübergießen. Dieses Dreikorn-Sprossen-Müsli langsam essen und gut kauen.

Die
Sportler-Müslis

Wer Sport treibt, trainiert und bemüht ist, sich fit zu halten, legt meist Wert auf eine möglichst perfekte Ausrüstung, auf modernes Sportgerät. Darüber vergißt er – vor allem, wenn er den Sport nicht von berufswegen ausübt – den »Treibstoff« für seinen »Motor«, den Organismus. Dabei ist gerade für den Sportler vernünftiges Essen und Trinken von entscheidender Bedeutung. Ausgewogene, möglichst natürliche Ernährung ist nicht nur zur Leistungssteigerung, sondern schon für die Leistungserhaltung notwendig. Bei Ernährungsfehlern kommt es schnell zu deutlichem Leistungsabfall. Der österreichische Sportarzt Dr. Franz Berghold hat festgestellt: Mehr als die Hälfte aller Fälle von Mißerfolg oder Versagen im Sport sind auf Ernährungsfehler zurückzuführen.

Vernünftige Ernährung des Sportlers, auch des Freizeitsportlers, erhöht außerdem die Sicherheit, verhindert vorzeitiges Ermüden, mindert die Verletzungsanfälligkeit.

Der Organismus ist beim Sport hohen Belastungen ausgesetzt. Oft soll er Leistungen bringen, auf die er nicht vorbereitet ist. Denn jede sportliche Betätigung ist mit einem gesteigerten Energieumsatz verbunden. Der Körper braucht, um seine Funktionen erfüllen zu können, außer den Nährstoffen Eiweiß, Fett und Kohlenhydraten auch Mineralstoffe, Vitamine, Elektrolyte und Spurenelemente. Wichtig sind ferner genügend Flüssigkeit und Ballaststoffe.

Ein Sportler, der kein Müsli mit all seinen wertvollen Inhaltsstoffen zu sich nimmt, ist mit einem Formel-I-Rennwagen zu vergleichen, den man mit Normalbenzin ins Rennen schickt. Mit der täglichen Nahrung soll nicht nur der Energiebedarf gedeckt, sondern müssen auch die verbrauchten

Vitalstoffe ersetzt und der Stoffwechsel in Gang gehalten werden. Beim Sportler steigt der Energieumsatz mit der von ihm erbrachten Leistung an. Um so wichtiger ist für ihn eine den Leistungsanforderungen entsprechende vollwertige Ernährung.

Dazu meint der Ernährungsfachmann und Sportmediziner Dr. Franz Berghold: »Die richtige Ernährung ist für den Leistungs- wie für den Freizeitsport sehr wichtig. Besonders bei Sportarten mit Ausdauercharakter wie Wandern, Radfahren und Skilanglauf steht die Frage der Kohlenhydratspeicherung und des Mineralsalzhaushaltes im Mittelpunkt, verbunden mit der Notwendigkeit der Ballaststoffe zur optimalen Verdauung und der Schmackhaftigkeit. Daher schließen spezielle Sportmüslis als Vollwertnahrung eine wichtige Lücke in der Sporternährung ...!«

Was sollte nun ein sportlich aktiver Mensch täglich auf dem Teller haben? Kohlenhydrate sind unter den Nährstoffen besonders wichtige Energielieferanten. Ihre Energie braucht man

vor allem bei Sportarten wie Tennis, Fußball, Wandern, Radfahren, Skifahren. Untersuchungen haben ergeben, daß man nach kohlenhydratreichen Mahlzeiten etwa dreimal soviel Ausdauer beim Sport hat wie nach fettreichen Eiweiß-Mahlzeiten.

Die wertvollsten Kohlenhydrate bezieht der Sportler oder Freizeitsportler aus Müsli, Naturreis, Vollkornbrot, Vollkornteigwaren, frischem Obst und Kartoffeln. Sportler-Müslis müssen viele Vitamine und Mineralstoffe enthalten, damit es nicht zu Mangelerscheinungen und Leistungsabfall kommt. Für Sportler sollte deshalb ein vollwertiges Müsli täglich auf dem Speisezettel stehen.

Aus dem speziell für seine Bedürfnisse zusammengestellten Müsli bezieht der Sportler:

– Wertvolle Eiweißergänzung aus hochwertigem Soja- und Milcheiweiß.

– Vitamine aus Vollkorn und frischem oder gedörrtem Obst. Sportler brauchen vor allem die Vitamine B_1, B_2, B_6, C und E. Bei Mangel an diesen Vitaminen kommt es zu rascher Ermüdung.

– Mineralstoffe für die harmonische Bewegung der Muskeln.

– Mehr Spurenelemente als er sie aus der normalen Ernährung bezieht.

Was unterscheidet ein Sportler-Müsli von einem Normal-Müsli?

Das Sportler-Müsli sollte möglichst enthalten:

● 2-3 Eßlöffel Eiweißkonzentrat aus dem Reformhaus

● Mehr Joghurt oder Milch

● Mehr Dörrobst oder frisches Obst

● Weizenkeime

● Sojagranulat

● Etwas Kochsalz

● Leinsamen und Sesam

● Gelegentlich Mandelmilch

● Vor dem sportlichen Einsatz Weiselsaft

Außerdem empfiehlt es sich, frisch gepreßten Fruchtsaft dazu zu trinken.

Mandelmilch gibt Kraft für höhere Leistung

Mandelmilch ist ein idealer Krafttrunk für den sportlichen Menschen. Sie ist deshalb eine ideale Ergänzung für das Müsli.

Allerdings ist sie kein Müsli-Zusatz für alle Tage, sondern nur vor besonderen sportlichen Leistungen angebracht. Der eigentliche Entdecker der Mandelmilch war Dr. Maximilian Bircher-Benner. Seine Überlegung war, daß es ein einziges Nahrungsmittel auf der Welt gibt, das alles enthält, was ein Mensch zum Wachsen, Gedeihen und Kräftesammeln braucht. Dieses Nahrungsmittel ist die Muttermilch. Deshalb bemühte sich Bircher-Benner, etwas zu finden, das in seinen Inhaltsstoffen der Muttermilch entspricht. So entwickelte er die Mandelmilch.

Berufssportler haben Mandelmilch schon seit Jahren getestet und konnten ihre phantastische Wirkung nur bestätigen. In 100 g Muttermilch sind 1,9 g Eiweiß, 3,6 g Fett, 6,3 g Kohlenhydrate enthalten. Bei der Mandelmilch gibt es in 100 g Flüssigkeit 1,5 g Eiweiß, 3,9 g Fett und 4,6 g Kohlenhydrate.

Die Mandelmilch bringt einen Sportler vor körperlichen Aufgaben am Morgen schnell auf Touren. Sie verhindert Leistungsabfall, schafft mehr Kondition, führt dem Organismus wertvolle Aufbaustoffe in leicht verdaulicher Form zu.

So kann sich jeder die Mandelmilch fürs Sportler-Müsli selbst herstellen: 250 g Mandeln aus dem Reformhaus mit kochendem Wasser übergießen und die Haut abziehen. Von jeder Mandel ein Stückchen abschneiden, probieren und die bitteren Kerne aussondern. 30 tadellose Mandeln 3 Stunden in Wasser einweichen und dann 15 Minuten in einem Mörser zu Brei zerstoßen. Unter ständigem Rühren 2 dl kaltes Wasser dazugießen, die milchige Flüssigkeit durch ein feines Tuch laufen lassen, die Rückstände im Tuch fest auspressen. Schließlich einen Eßlöffel frische Milch und eine Prise Naturvanille dazugeben!

Wer die Mandelmilch noch gehaltvoller machen will, der weicht zusätzlich 150 g Feigen ein, streicht sie dann durch ein feines Sieb und mischt das Mus unter die Mandelmilch.

Geben Sie von der »Sportler-Zaubermilch« höchstens 2 bis 3 Eßlöffel in eine Müsli-Portion.

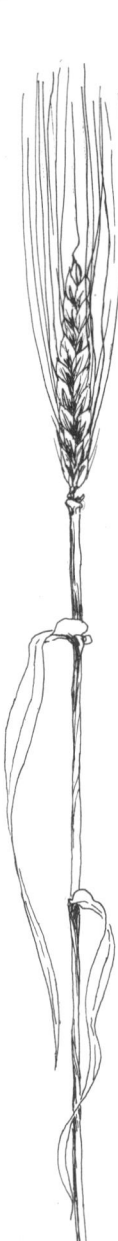

Das Geheimnis des Weiselsaftes

Viele Berufssportler geben vor wichtigen Einsätzen etwas Weiselsaft in ihr Müsli. Weiselsaft bekommt man im Reformhaus, in der Drogerie oder Apotheke zu kaufen. Sportler sind dank dieses Zusatzes für Hochleistungen bestens gerüstet und haben mehr Widerstandskraft gegen Krankheiten. Weiselsaft enthält das Hormon der Bienenkönigin, auch Gelée royale genannt. Die Bienen produzieren nicht nur Honig aus Blütennektar und Blütenstaub. Junge Arbeitsbienen wandeln dieses Naturprodukt in einer speziellen Drüse zu einem Sekret um, mit dem normale Bienen nur ein paar Tage, die Bienenkönigin allerdings ein Leben lang gefüttert wird. Während Arbeitsbienen oft nicht einmal einen Sommer überleben, beträgt die Lebensdauer einer Königin dank Weiselsaft bis zu 5 Jahren. Außerdem legt sie soviele Eier, daß die Erhaltung des Bienenstaates gesichert ist. Weiselsaft ist reich an Eiweiß, Traubenzucker, Rohzucker, Phosphor, Schwefel, ätherischen Stoffen, den Vitaminen B_1, B_2 und B_6, C und P. Diese kostbare Flüssigkeit sollte nur einige Male – sozusagen als Extra-Kur – dem Getreide beigemischt werden.

Rezepte für Sportler-Müslis

Skifahrer-Müsli
Zutaten für 1 Person
100 g getrocknete Früchte, z. B. Rosinen, Aprikosen, Äpfel, Pflaumen und Pfirsiche
⅛ l Wasser
3 Eßlöffel Fünfkornflocken
250 g Quark
2 Eßlöffel Orangensaft
1 Eßlöffel Honig
2 Eßlöffel Mandelmilch
Zubereitung
Die Trockenfrüchte einige Stunden in Wasser einweichen. Die Getreideflokken in einer trockenen Pfanne etwas anrösten und dann mit dem Quark, dem Orangensaft, dem Honig und der Mandelmilch verrühren. Dann die Trockenfrüchte dazumischen. Einige Zeit stehen lassen und dann erst essen.

Wanderer-Müsli

Zutaten für 1 Person

3 bis 4 Eßlöffel geschroteter Weizen,
Hafer, Gerste und Roggen
¼ l Wasser
2 Teelöffel Leinsamen
1 Eßlöffel Honig
3 Eßlöffel Mandelmilch
1 Eßlöffel Zitronensaft
Buttermilch oder Joghurt
1 geriebener Apfel
30 g gemahlene Haselnüsse

Zubereitung

Das geschrotete Getreide über Nacht in Wasser einweichen. Den Leinsamen gleich dazumischen. Am nächsten Morgen Honig, Mandelmilch, Zitronensaft, Buttermilch oder Joghurt unterrühren, den geriebenen Apfel zugeben und die Haselnüsse darüberstreuen. Dieses Müsli entweder kalt essen oder kurz im Wasserbad erwärmen.

Tennis-Müsli

Zutaten für 1 Person

4 Eßlöffel geschroteter Weizen
1 Apfel
1 Pfirsich
3 Eßlöffel eingeweichtes, feingehacktes
Trockenobst
1 Teelöffel Sesamkerne
1 Teelöffel Sojagranulat
1 Eßlöffel Honig

½ Teelöffel Milcheiweiß aus dem
Reformhaus
1 Becher Joghurt oder Bio-Joghurt
1 Eßlöffel Weiselsaft

Zubereitung

Den geschroteten Weizen über Nacht in Wasser einweichen. Am nächsten Morgen das Getreide in einem tiefen Teller mit dem gewaschenen und in Stücke geschnittenen frischen Obst, dem Trockenobst, den Sesamkernen, dem Sojagranulat, Honig und Milcheiweiß verrühren. Joghurt und Weiselsaft zum Schluß darübergießen. Das Müsli kräftig kauen.

Radfahrer-Müsli

Zutaten für 1 Person

3 Eßlöffel Fünfkornflocken
4 Eßlöffel Trockenfrüchte (z. B. Äpfel,
Pflaumen, Birnen)
1 Teelöffel gemahlene Nüsse
1 Teelöffel Sonnenblumenkerne
1 Eßlöffel geriebene Maronen
1 Teelöffel Rosinen
1 Becher Joghurt oder Bio-Joghurt
4 Eßlöffel Mandelmilch

Zubereitung

Die Fünfkornflocken und die Trockenfrüchte eine Stunde lang in etwas Wasser einweichen. Dann in einem tiefen Teller mit Nüssen, den Sonnenblumenkernen, den Maronen und den Ro-

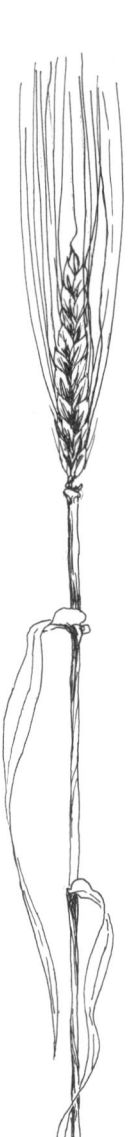

sinen verrühren. Zum Schluß Joghurt und die Mandelmilch darübergießen.

Jogging-Müsli

Zutaten für 1 Person
4 Eßlöffel Vollkornhaferflocken und
1 Eßlöffel Hirseflocken
8 gemahlene oder gehackte
Haselnüsse
1 Teelöffel Sojamilchpulver
1 Teelöffel Weiselsaft
1 Teelöffel Honig
1 Tasse Milch
Zubereitung
Die Getreideflocken und Haselnüsse in einem tiefen Teller vermischen. Sojamilchpulver, Weiselsaft und Honig in der Milch auflösen und über das Getreide gießen. Das Jogging-Müsli sollte eine Stunde vor dem Dauerlauf verzehrt werden.

Spitzenleistungs-Müsli

Zutaten für 1 Person
3 bis 4 Eßlöffel Fünfkornflocken
2 Eßlöffel Eiweißkonzentrat aus dem
Reformhaus
1/8 bis 1/4 l Milch oder Joghurt oder noch
besser 1/8 l Schwarzer Johannisbeersaft
aus dem Reformhaus
Zubereitung
Alle Zutaten in einem tiefen Teller oder in einer Schale vermischen und sofort essen.

Nur vollwertige, naturbelassene Zutaten gehören in das gesunde Müsli. Folgende Seiten: Mit viel frischem Obst schmeckt das Müsli auch Kindern. Schokolade hat im Müsli eigentlich nichts verloren – aber Kinder kann man mit diesem Trick am ehesten ans Müsli-Essen gewöhnen. Ein wohlkomponiertes Müsli am Morgen weckt sämtliche Lebensgeister

Das Müsli für Kinder

Für Kinder ist vollwertige Kost und damit auch das Müsli noch viel wichtiger als für Erwachsene, denn das Kind braucht für sein Wachstum die ständige Zufuhr von Vitalstoffen, damit es nicht zu Mangelerscheinungen kommt. Ein Kind, das frühzeitig an die Müsli-Mahlzeit gewöhnt wird, weiß auch als Erwachsener diese gesunde, vollwertige Form der Ernährung zu schätzen.

Kleinkinder, deren Eltern vom Müsli überzeugt sind und regelmäßig Müsli essen, wachsen von selbst in diese Ge-

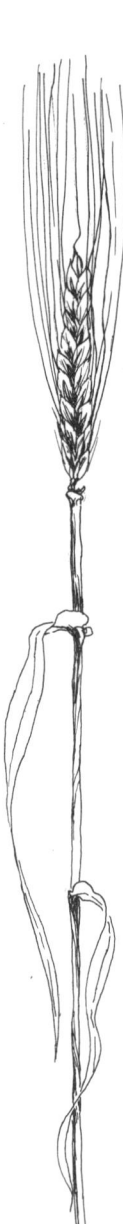

wohnheit hinein. Entdecken Vater und Mutter selbst das Müsli erst, wenn das Kind bereits im Schulalter ist, braucht man oft ein paar Tricks, um beim Kind die Begeisterung für Müsli zu wecken und sollte ihm zunächst mal ein paar »Eßsünden« erlauben, damit es nicht aus Oppositionsgeist grundsätzlich gegen die gesunde Art der Ernährung rebelliert.

Wichtig ist, daß Kinder selbst die Wirkung des Müsli entdecken. Bei einem großangelegten Schulversuch in Saarbrücken hat Gisela Fritzen interessante Ergebnisse erzielt. In Aufsätzen haben Mädchen und Buben geschrieben: »Seit ich Müsli esse, bin ich nicht mehr so müde in der Schule und kann besser aufpassen!«

Wie kann man Kindern das Müsli schmackhaft machen?

– Richten Sie jedes Müsli so appetitlich und verlockend wie nur möglich an.

– Geben Sie anfangs nur Getreideflocken und kein geschrotetes Getreide ins Müsli. Ersetzen Sie erst nach und nach die Flocken durch geschrotetes Getreide.

– Das Obst soll am Anfang die Hauptzutat sein. Richten Sie zuerst einfach einen Obstsalat an und streuen Sie nur ein paar Getreideflocken darüber.

– Rühren Sie außer Milch oder Joghurt etwas Sahne ins Müsli.

– Geben Sie einen Eßlöffel Kokosflocken ins Müsli.

– Süßen Sie das Müsli mit Ahornsirup.

– Weichen Sie reichlich Trockenfrüchte über Nacht ein und mischen Sie diese ins Müsli.

– Servieren Sie gelegentlich eine Portion Vanilleeis oder Fruchteis, bestreut mit Fünfkornflocken. Allmählich weniger Eis mit immer mehr Getreide anrichten.

– Kaufen Sie Fertig-Schoko-Müsli oder reiben Sie Schokolade ins selbstgemachte Müsli.

– Geben Sie Ihrem Kind eine Zeitlang Studentenfutter als »Pausenbrot« in die Schule mit: Haselnüsse, Mandeln, Rosinen, Datteln, Dörrpflaumen, Sonnenblumenkerne, Sesamkerne und Haferflocken. Wenn es sich daran gewöhnt hat, wird zu Hause über das Studentenfutter Joghurt oder Milch gegossen. Und schon verzehrt der Sprößling mit Genuß das erste Müsli seines Lebens.

Rezepte für Kinder-Müslis

Schnelles Kinder-Müsli

Zutaten für 1 Kind
*2 bis 3 Teelöffel eines schnellöslichen
Kakao- oder Schokoladengetränks
¹/₈ bis ¹/₄ l Milch
3 Eßlöffel Fünfkornflocken*
Zubereitung
Das schnellösliche Kakaogetränk in
der angewärmten Milch auflösen und
über die Getreideflocken gießen. Umrühren und essen.

Müsli-Getränk

Zutaten für 1 Kind
*2 Eßlöffel Vollkornhaferflocken
¹/₄ l Milch
1 Teelöffel Honig oder Ahornsirup*
Zubereitung
Die Haferflocken mit Honig oder
Ahornsirup in ein Glas geben, Milch
dazu, umrühren und trinken.

Möhren-Müsli-Shake

Zutaten für 1 Kind
*2 Eßlöffel Vollkornhaferflocken
¹/₄ l Möhrensaft
etwas Zitronensaft*
Zubereitung
Die Getreideflocken in ein Glas geben,
mit Möhrensaft auffüllen, Zitronensaft
dazurühren.

Hafer-Müsli-Limo

Zutaten für 1 Kind
*3 Eßlöffel Vollkornhaferflocken
Saft ¹/₂ Zitrone
1 Teelöffel Honig
Wasser oder Mineralwasser*
Zubereitung
Haferflocken mit dem Saft der ¹/₂ Zitrone in ein Viertelliterglas geben, Honig
dazurühren, mit Wasser oder Mineralwasser auffüllen, umrühren und
trinken.

Erfrischungsmüsli

Zutaten für 1 Kind
*2 Eßlöffel Vollkornhaferflocken
1 Apfelsine
1 geriebener Apfel
¹/₂ Banane in Scheiben
etwas Zitronensaft
3 dl Milch oder Joghurt*
Zubereitung
Die Haferflocken mit Apfelsinenstück-
chen, geriebenem Apfel und Bananen-
scheiben sowie mit dem Zitronensaft
in einem tiefen Teller oder in einer
Schale vermischen und die Milch oder
den Joghurt darübergießen.

Honigquark-Müsli mit Früchten

Zutaten für 1 Kind
*100 g Quark
1 Teelöffel Honig*

½ Teelöffel Zitronensaft oder 1 Teelöffel Apfelsinensaft
je 1 Prise Zimt und Ingwerpulver
1 Apfel, in Stücke geschnitten
100 g Birne, in Stücke geschnitten
1 Eßlöffel Fünfkornflocken
Zubereitung
Den Quark mit dem Honig, dem Zitronen- oder Apfelsinensaft verrühren, mit Ingwer und Zimt würzen. Dann das Obst daruntermischen und die Fünfkornflocken darüberstreuen.

Schoko-Müsli

Zutaten für 1 Kind
3 Eßlöffel Vollkornhaferflocken
1 bis 2 Eßlöffel geriebene Milchschokolade
1 Teelöffel Honig oder Ahornsirup
1 Teelöffel Rosinen
1 Teelöffel Kokosflocken
1 Teelöffel geriebene Haselnüsse
⅛ bis ¼ l Milch
Zubereitung
Die Haferflocken mit der geriebenen Schokolade gut durchrühren, dann Honig, Rosinen, Kokosflocken und Haselnüsse dazumischen. Schließlich die warme Milch darübergießen und das Müsli gleich essen.

Rote-Backen-Müsli

Zutaten für 1 Kind
100 g Buchweizenkörner
1 Teelöffel Honig
1 Teelöffel gehackte Datteln
1 Teelöffel Rosinen
1 Teelöffel Hefeflocken
25 g gemahlene Nüsse
1 geriebener Apfel
¼ l Sahne
Zubereitung
Die Buchweizenkörner in heißem Wasser gründlich waschen, auf einem Backblech im vorgeheizten Backofen darren, bis sie knusprig sind. Dann werden sie mit dem Honig, den Datteln, Rosinen, Hefeflocken und Nüssen vermischt. Den geriebenen Apfel daruntermischen. Zum Schluß die Sahne darübergießen. Umrühren, einige Zeit stehenlassen (bis zu 1 Stunde), dann essen.
Dieses Müsli ist blutbildend, liefert Eisen und macht blassen Kindern rote Backen.

Das Müsli
mit Heilwirkung

Müslis sind nicht nur gesund und wohlschmeckend, sondern können geradezu heilsame Wirkung haben. Mit fortgeschrittenem Müsli-Verstand kann man Müsli bei allerlei Beschwerden einsetzen. Gewiß soll ein Müsli nicht den Arzt oder die ärztliche Behandlung ersetzen. Aber es kann eine Behandlung wirkungsvoll unterstützen. Müslis können helfen

– jung und fit zu bleiben
– mit Diabetes fertig zu werden
– schlank zu bleiben und zu werden
– im Körper neue Kräfte aufzubauen.

Rezepte für Jungmacher-Müslis

Bockshornklee-Müsli

Zutaten für 1 Person
*3 Eßlöffel geschroteter Hafer, Gerste
und Weizen*
3 Teelöffel Honig
1 Banane
*1 Teelöffel Bockshornkleesamen-
Pulver*
¼ l Milch
Zubereitung

Das geschrotete Getreide über Nacht
in etwas Wasser einweichen. Vor dem
Essen am Morgen in einen Teller die in
Scheiben geschnittene Banane, den
Honig und den Bockshornkleesamen
dazurühren. Milch darübergießen und
essen. Bockshornklee hat eine verjün-
gende Wirkung.

Mistel-Müsli

Zutaten für 1 Person
*2 Teelöffel getrocknete, kleingeschnit-
ten Mistelblätter aus der Drogerie oder*

Apotheke (auch Mistelkraut genannt)
¼ l Wasser
3 Eßlöffel Fünfkornflocken
1 Teelöffel Honig
1 Teelöffel gemahlene Haselnüsse
1 Teelöffel gehackte Datteln
Zubereitung

Die Mistelblätter mit dem kalten Wasser übergießen und 12 Stunden, also
über Nacht an einem dunklen Ort zugedeckt stehenlassen. Die Fünfkornflocken, Honig, Haselnüsse und Datteln in einem tiefen Teller oder in
einer Schale verrühren. Die Mistelblätter durchseihen und die Flüssigkeit
über die Müsli-Mischung schütten.
Umrühren und essen.
Die Mistel wirkt gegen Arteriosklerose, Bluthochdruck und vorzeitiges Altern.

Hagebutten-Müsli

Zutaten für 1 Person
*3 Eßlöffel geschroteter Hafer, Gerste
und Weizen*
1 Teelöffel Honig
1 Teelöffel Rosinen
1 Teelöffel gehackte Datteln
120 g frische Hagebutten
3 Eßlöffel Wasser oder Apfelsaft
50 g Honig
*etwas abgeriebene Schale einer unbe-
handelten Zitrone*

Zubereitung

Das geschrotete Getreide über Nacht in etwas Wasser einweichen und am nächsten Morgen mit Honig, Rosinen und Datteln in einem tiefen Teller vermischen. Die Hagebutten waschen, halbieren und von Kernen und Härchen befreien. Noch einmal unter kaltem Wasser abspülen. Abtropfen lassen. Diese Stücke in Wasser oder Apfelsaft mit dem Honig und der Zitronenschale zum Kochen bringen und 25 Minuten ziehen lassen. Das Hagebuttenkompott über die Müsli-Mischung gießen. Einwirken lassen und dann erst essen.

Rezepte für Diabetiker-Müslis

Diabetiker-Apfel-Müsli

Zutaten für 1 Person
20 g Fünfkornflocken
100 g geriebener Apfel
10 g Weizenkeime

5 g gemahlene Haselnüsse
1 dl Milch
10 g Magermilchpulver
1 Teelöffel ungesüßter Sanddornsaft aus dem Reformhaus
5 g Fruchtzucker
Zubereitung

Die Zutaten in einem tiefen Teller oder in einer Schale vermischen, gut verrühren und sofort essen.

Kollath-Müsli für Diabetiker

Zutaten für 1 Person
4 Eßlöffel Fünfkornflocken
1 Eßlöffel ungezuckerter Sanddornsaft
1 kleiner Apfel
10 g Fruchtzucker
4 Eßlöffel Buttermilch
Zubereitung

Die Flocken in 4 Eßlöffeln Wasser einweichen. Dann den Sanddornsaft einrühren und den geriebenen Apfel dazumischen. Mit Fruchtzucker süßen und die Buttermilch unterrühren.

Dieses Müsli eignet sich besonders, wenn der Arzt die starke Einschränkung von Fett verordnet hat.

Sprießkornhafer-Müsli

Zutaten für 1 Person
2 Eßlöffel Sprießkornhafer aus dem Reformhaus

1 Eßlöffel ungezuckerter
Sanddornsaft
1 kleiner Apfel
3 Eßlöffel Sauermilch
10 g Fruchtzucker
Zubereitung
Den Sprießkornhafer am Abend in der
Mühle schroten und über Nacht in
ganz wenig Wasser einweichen. Dabei
steigt sein Vitamin-B-Gehalt. Kurz vor
dem Frühstück den Sanddornsaft, den
geschälten und geriebenen Apfel und
die Sauermilch dazurühren, mit
Fruchtzucker süßen.

Sprießkorn-Müsli-Brei

Zutaten für 1 Person
5 Eßlöffel Sprießkornhafer aus dem
Reformhaus
½ l Wasser
1 dl Apfelsaft, frisch gepreßt und
ungesüßt
Zubereitung
Den Hafer schroten und mit kaltem
Wasser aufsetzen. Unter ständigem
Umrühren zu einem sämigen Brei ko-
chen, abkühlen lassen und dann den
Apfelsaft zugießen. Nach Wunsch mit
Fruchtzucker süßen.

Bircher-Benner-Müsli
für Diabetiker

Zutaten für 1 Person
1 Eßlöffel Vollkornhaferflocken
3 Eßlöffel Wasser
Saft ½ Zitrone
1 Eßlöffel ungesüßte Dosenmilch
1 großer Apfel oder 150 g Beeren
1 Eßlöffel gemahlene Haselnüsse
Zubereitung
Die Haferflocken am Vorabend in Wasser einweichen. Am nächsten Morgen
den Zitronensaft und die Dosenmilch
darunterrühren. Dann den geschälten
und geriebenen Apfel (oder die Beeren) dazugeben. Die Nüsse über das
Müsli streuen.

Zwieback-Müsli

Zutaten für 1 Person
35 g Vollweizenzwieback (ungezuk-
kert) aus dem Reformhaus
¼ l Milch
10 g Fruchtzucker
1 Eßlöffel ungezuckerter
Sanddornsaft
Zubereitung
Der Zwieback wird in kleine Stücke
gebrochen und mit der Milch übergossen. Stehen lassen, damit die Milch
richtig durchziehen kann. Sobald er
beginnt weichzuwerden, den Fruchtzucker einrühren, mit einer Gabel zu

einem Brei zerdrücken und den Sanddornsaft zugießen.

Rezepte für
Schlankmacher-Müslis

Jedes Müsli ist aufgrund seiner vollwertigen Inhaltsstoffe geeignet, schlank zu
machen und zu erhalten. Doch gibt es
für all jene, die zum Dickwerden nei-
gen, spezielle Müslirezepte mit Diät-
Charakter.

Haferdiät-Müsli
Zutaten für 1 Person
20 g Haferdiät aus dem Reformhaus
1 Eßlöffel Sanddornsaft
1 Eßlöffel Quark
1 kleiner Apfel
3 Eßlöffel Milch
10 g Fruchtzucker
Zubereitung
Die Haferdiät mit 6 Eßlöffeln Wasser
verrühren und 2 Stunden quellen lassen, dann mit dem Sanddornsaft und
dem Quark gut vermischen. Den Apfel
ungeschält reiben, dazurühren. Dann
die Milch und den Fruchtzucker dazugeben.

Obst-Müsli pur
zum Abnehmen
Zutaten für 1 Person
1 Apfel
1 Birne
3 Datteln
1 Eßlöffel gemahlene Haselnüsse
1 Teelöffel Rosinen
1 Becher Joghurt
Zubereitung
Das gut gewaschene Obst wird ungeschält zerkleinert, mit in Stücke geschnittenen Datteln, den Nüssen und
Rosinen vermengt und mit Joghurt
übergossen. Dies ist das einzige Müsli,
dem kein Getreide beigemischt wird.

Apfel-Joghurt-Müsli
Zutaten für 1 Person
8 g Vollkornhaferflocken
3 Eßlöffel Wasser
3 Eßlöffel Joghurt
1 Teelöffel Zitronensaft
1 Eßlöffel Honig
200 g Äpfel
1 Eßlöffel gemahlene Haselnüsse
Zubereitung
Die Haferflocken 10 Stunden in Wasser einweichen, mit Joghurt, Zitronensaft und Honig zu einem Brei verrühren. Dann die gewaschenen und geriebenen Äpfel zufügen. Die Haselnüsse
über das Müsli streuen.

105

Dieses Müsli ist die klassische Abmagerungskost, fördert die Verdauung und hält dennoch in Schwung.

Sesampüree-Müsli

Zutaten für 1 Person
8 g Vollkornhaferflocken
3 Eßlöffel Wasser
1 Eßlöffel Zitronensaft
1 Eßlöffel Sesampüree aus dem Reformhaus
1 Eßlöffel Honig
200 g Äpfel
Zubereitung
Die Vollkornhaferflocken 10 Stunden in Wasser einweichen. Zitronensaft, Sesampüree und Honig mit einem Schneebesen verrühren. Dann werden die gewaschenen und geriebenen Äpfel dazugerührt. Mit den eingeweichten Flocken vermischen.

Schlankheits-Müsli
»Anette Ringier«

Dieses Müsli ist sehr sättigend. Dr. Franklin E. Bircher hat es erfunden.
Zutaten für 1 Person
2 Eßlöffel Weizenkleie-Flocken
1 Eßlöffel Rosinen
2 Eßlöffel Magerquark
6 Eßlöffel Wasser
150 g Äpfel
1 Eßlöffel frisch gepreßter Zitronensaft

Zubereitung
Die kalorienarmen Kleieflocken mit den Rosinen, dem Magerquark und dem Wasser vermischen. Die gewaschenen und geriebenen Äpfel darunterrühren. Mit Zitronensaft verfeinern.

Rhabarberquark-Müsli

Zutaten für 1 Person
4 Eßlöffel Rhabarberkompott
120 g Magerquark
2 Eßlöffel Himbeersirup
3 Eßlöffel Fünfkornflocken
Zubereitung
Das Rhabarberkompott (aus Rhabarber, der mit etwas Honig und Zitrone gekocht wird) mit dem Quark, dem Himbeersirup und den Kornflocken vermischen. Etwas durchziehen lassen und dann essen.

Apfelsinen-Quark-Müsli

Zutaten für 1 Person
120 g Magerquark
1 Orange
4 Spritzer Diätsüße
3 Eßlöffel Vollkornhaferflocken
Zubereitung
Magerquark mit dem Saft der Orange und der Diätsüße verrühren und dann über die in etwas Wasser eingeweichten Vollkornhaferflocken gießen. Umrühren und sofort essen.

Ein Tip für alle, die mit Hilfe von Müsli rasch schlank werden wollen: Was Sie auch für ein Müsli zubereiten, beginnen Sie diese Getreidemahlzeit immer mit einem »Obst-Auftakt«. Essen Sie reichlich und mit Genuß rohes Obst, etwa einen Apfel, eine Birne, ein paar Beeren. So füllen Sie schon mit der Frischkost den Magen, können also nicht mehr sehr viel Müsli zu sich nehmen. Trotzdem enthält ihre Mahlzeit ausreichend Vitamine und andere Vitalstoffe.

Rezepte für »Sie und Ihn«

Was sonst noch alles im Müsli steckt

Sie werden es kaum glauben, aber es gibt auch ganz spezielle Müslis für Männer und Frauen. Sie sollen nicht nur für körperliche Fitness und Leistungsfähigkeit sorgen, die Nerven beruhigen und das seelische Gleichgewicht zurückbringen, sondern auch ein bißchen liebebedürftiger, zärtlicher und auch liebeshungriger machen. Wenn Sie's nicht glauben, probieren Sie doch einmal das eine – oder das andere.

Das Müsli für den Mann

Zutaten für 1 Mann
4 Eßlöffel geschroteter Hafer
1 Teelöffel Honig
1 Teelöffel gemahlene Haselnüsse
1 Banane
2 Scheiben frische Ananas
1 Teelöffel Blütenpollen mit Gelée royale (aus dem Reformhaus, der Drogerie oder aus der Apotheke)
1 Becher Bio-Joghurt oder ¼ l Milch
Zubereitung
Den Hafer über Nacht in etwas Wasser einweichen, dann zusammen mit Honig und Haselnüssen in einen tiefen Teller geben. Die in Scheiben geschnittene Banane und die in kleine Würfel geschnittenen Ananasscheiben damit vermischen. Ganz zum Schluß die Blütenpollen unterrühren und Joghurt oder Milch darübergießen. Dieses Müsli gibt auch neue Kraft für ganz besonders anstrengende Tage, an denen man Spitzenleistungen erbringen muß und besonderen Elan braucht.

Das Müsli für die Frau

Zutaten für 1 Frau
3 Eßlöffel Fünfkornflocken
1 Teelöffel gehackte Feigen
1 Teelöffel gehackte Datteln
1 Apfel
1 Banane

4 Eßlöffel geschälte Mandeln
⅛ l warmes Wasser
2 Eßlöffel Honig
1 Eßlöffel Rosenwasser aus der
Drogerie
2 Teelöffel Johanniskrautsaft aus dem
Reformhaus
1 Becher Joghurt oder Bio-Joghurt
Zubereitung
Die Fünfkornflocken in einen tiefen Teller geben. Dann die vorher eingeweichten und zerkleinerten Feigen und Datteln dazurühren. Schließlich den gewaschenen und geriebenen Apfel und die in Scheiben geschnittene Banane dazumischen. Die Mandeln in einer Mandelmühle feinmahlen und mit dem warmen Wasser, dem Honig und dem Rosenwasser pürieren. Diese duftende Flüssigkeit über die Müsli-Masse gießen und dann den Johanniskrautsaft und Joghurt oder Milch unterrühren.

Dieses Müsli sorgt für eine ruhige ausgeglichene Stimmung und stimmt Sie zärtlich.

Das Müsli als Dessert

Viele sind gewohnt, nach einer größeren Mahlzeit auch ein Dessert zu sich zu nehmen. Und dieses Dessert ist meistens alles andere als gesund.

Deshalb sollten Sie die Chance beim Schopfe packen und sich und Ihren Gästen öfter mal ein ganz spezielles Dessert, ein Müsli nämlich, servieren. Da es köstliche Müsli-Rezepte gibt, die sich als Dessert eignen, können Sie vielleicht manch einen Müsli-Muffel auf diese Weise bekehren.

Dessert-Müslis sind einfach zuzubereiten und können, was Geschmack und

Frische angeht, mit vielen anderen verlockenden Nachtischen in Wettstreit treten, ohne anschließend ein unangenehmes Völlegefühl und Magendrücken zu bewirken. Eine bessere Werbung fürs Müsli als durch attraktive Müsli-Rezepte gibt es nicht.

Rezepte für Dessert-Müslis

Grapefruit-Müsli-Dessert
Zutaten für 1 Person
1 Grapefruit
60 g Quark
abgeriebene Schale von ¼ Zitrone
1 Teelöffel Honig
2 bis 3 Eßlöffel Joghurt
2 Eßlöffel Vollkornhaferflocken
1 Eßlöffel gemahlene Nüsse
Zubereitung
Die Grapefruit halbieren, das Fruchtfleisch auslösen und in kleine Würfel schneiden. Den Quark schaumig rühren, mit dem Grapefruit-Fruchtfleisch, der Zitronenschale, dem Honig, dem Joghurt und den 2 Stunden vorher eingeweichten Vollkornhaferflocken verrühren, in die Grapefruit-Hälften füllen und mit den gemahlenen Nüssen bestreuen. Auf Tellern servieren, vielleicht mit einem Tupfer Schlagsahne.

Müsli-Ring mit Früchten
Zutaten für 1 Person
4 Eßlöffel Hirseflocken
1 Teelöffel gehackte Datteln
1 Teelöffel gehackte Nüsse
1 Teelöffel Honig
1 Becher Bio-Joghurt
8 Eßlöffel gemischte Früchte (z. B. Beeren, in Scheiben geschnittene Äpfel und Bananen, geriebene Birne)
Zubereitung
Die Hirseflocken mit den Datteln, den Nüssen, dem Honig und dem Joghurt vermischen. Die Mischung etwas durchziehen lassen und dann eine Halbkugel (mit einem Kochlöffel formen!) auf einem Teller anrichten. Rundherum die frischen Früchte anordnen. Auf die Früchte können Sie eventuell noch etwas Crème fraîche oder Schlagsahne als Verzierung geben.

Obstsalat-Müsli
Zutaten für 1 Person
2 Eßlöffel Hirse- und Weizenflocken
zu gleichen Teilen

etwas Apfelsaft
eine Handvoll verschiedene frische
Früchte (z. B. Kirschen, Äpfel, Birnen,
Apfelsinen, Bananen)
1 Teelöffel Granoton (Weizenkeimöl
mit Orangensaft) aus dem Reform-
haus
1 Teelöffel Honig
Zubereitung
Die Getreideflocken in etwas Apfelsaft
einweichen und in eine Glasschale geben. Das Obst waschen, entkernen, in
kleine Stücke schneiden und unterrühren. Dann Granoton, Honig und
wenn nötig noch etwas Apfelsaft dazugeben. Wenn's dekorativer aussehen
soll, das Dessert mit einem Tupfer
Schlagsahne verzieren.

Bananencreme-Müsli

Zutaten für 1 Person
1 Banane
½ Eßlöffel Zitronensaft
1 Eßlöffel Honig
½ Eigelb
3 Eßlöffel geschlagene Sahne
¼ geriebener Apfel
3 Eßlöffel Hirseflocken
1 Erdbeere oder 3 Kirschen
Zubereitung
Die Banane schälen und mit einer Gabel zerdrücken. Das Mus mit dem Zitronensaft, dem Honig, dem Eigelb

schaumig rühren. Die Sahne unterheben und den geriebenen Apfel samt
den vorher eingeweichten Hirseflok-
ken untermischen. Alles in eine Schale
füllen, kalt stellen, vor dem Servieren
nach Wunsch noch mit etwas Schlagsahne, der Erdbeere oder den Kirschen verzieren.

Pfirsich-Melba-Müsli

Zutaten für 1 Person
1 Pfirsich
2 Eßlöffel Fünfkornflocken
2 Kugeln Vanilleeis
2 Teelöffel Cognac
etwas Himbeersaft
1 Teelöffel gehackte Walnüsse und
Datteln
Zubereitung
Den Pfirsich schälen, halbieren und
auf einem Dessertteller anrichten, da-
neben das mit Flocken verrührte Vanilleeis arrangieren. Den Cognac und
den Himbeersaft darüberträufeln und
die Nuß-Dattel-Mischung über das
Dessert streuen.

Probieren Sie mal ein Blumen-Müsli

Haben Sie schon einmal ein Müsli mit Blumen angerichtet? Das sieht nicht nur ungewöhnlich, sondern auch wunderschön aus. Obendrein ist es gesund. Richten Sie eines der vielen Müslis aus diesem Buch an. Und dann streuen Sie vor dem Servieren einen Eßlöffel voll gut gewaschener und abgetropfter Gänseblümchenblütenköpfe darüber. Vielleicht haben Sie noch gar nicht gewußt, daß man Gänseblümchen essen kann? Sie können aber aufs fertige Müsli auch Dahlienblütenblätter streuen und diese ruhig mitessen. Die Dahlienblütenblätter müssen gut gewaschen sein und dürfen natürlich nicht von Blumen stammen, die chemisch gedüngt oder gespritzt wurden. Sehr hübsch macht es sich auch, wenn Sie die Blütenblätter einer voll erblühten Chrysantheme ab-

zupfen und waschen, in ein Sieb legen, mit heißem Wasser übergießen, abtropfen lassen und dann ins Müsli rühren.

Ein ganz besonderes Aroma bekommt Ihr Blumen-Müsli, wenn Sie Rosenblätter hineingeben. Und so bereiten Sie ein wirklich blumiges Rosen-Müsli zu:

Rosen-Müsli

25 g frisch gepflückte, duftende Rosenblätter von Rosen, die nicht chemisch behandelt sind, werden gewaschen, fein gehackt und dann mit zerstoßenem Zwieback vermischt. Ein Eidotter mit 25 g Honig und 3 Eßlöffeln Sahne verrühren. Geschlagenes Eiweiß daruntermischen und über die Rosenblätter verteilen. 3 Eßlöffel Fünfkornflokken zugeben und mischen. Blüten enthalten wertvolle ätherische Öle, die eine gute regenerierende Wirkung haben.

Was sonst noch alles
zum Müsli paßt

Rübensirup
aus eigener Herstellung

Wer es gern besonders süß mag, nicht immer Honig oder Birnendicksaft verwenden möchte und den Industriezucker zu Recht komplett von seinem Speisezettel gestrichen hat, der kann auch selbst Rübensirup produzieren und damit sein Müsli versüßen. So wird der Sirup hergestellt:

Besorgen Sie sich Zuckerrüben aus biologischem Anbau oder bauen Sie selbst im Garten welche an. Die Rüben

werden gründlich gewaschen und mit einer Drahtbürste abgebürstet. Dann schält man sie und wäscht sie noch einmal. Die Rüben anschließend in dünne Scheiben hobeln und diese mit etwas Wasser kochen oder in den elektrischen Entsafter geben. Die gekochten Rübenschnitzel oder den Saft durch ein Leinentuch gießen. Den Rübensaft in einem großen Topf unter ständigem Umrühren bei gleichbleibender Hitze so lange kochen, bis er zu Sirup eingedickt ist. Diese natürliche Zuckermelasse, die ohne jeglichen chemischen Zusatz ist, in Gläsern aufbewahren. Man bekommt sie übrigens auch in manchen Läden unter der Bezeichnung Rübensirup fertig zu kaufen. Geben Sie aber niemals mehr als 1 oder 2 Teelöffel in eine Müsli-Portion.

Müsli-Konfitüre: gesund und ganz einfach

Wenn man Marmelade oder Konfitüre ins Müsli mischt, dann sollte sie selbstverständlich selbstgemacht und biologisch wertvoll sein und keinen Industriezucker enthalten. Es ist gar nicht schwer, eine Müsli-Konfitüre herzustellen; sie hat zudem den Vorteil, daß sie flüssiger ist als andere Marmeladen. Daher läßt sie sich besser ins Müsli rühren. Und so wird sie gemacht: Ein Kilogramm frische Früchte waschen, wenn notwendig entkernen. Das Fruchtfleisch in einen großen Topf geben. Dazu gibt man 1 Kilo Bienenhonig, bringt das Ganze unter ständigem Umrühren bei mittlerer Hitze zum Kochen und läßt das Frucht-Honig-Gemisch dann noch 5 Minuten weiterkochen. Die Konfitüre muß ganz heiß in vorbereitete, gut ausgewaschene Marmeladegläser abgefüllt werden. Dazu stellt man die Gläser auf ein nasses Tuch. Nach dem Einfüllen die Marmelade sofort luftdicht verschließen. Sie hält sich bis zur nächsten Obstsaison.

Hefeflocken als Müsli-Würze

Sicher haben auch Sie beim Essen auf dem Tisch einen Salzstreuer und einen Pfefferstreuer stehen. Das verleitet dazu, von beidem viel zu viel ins Essen zu geben. Fürs Müsli gibt es statt dessen eine Würze, die sehr gesund für den Stoffwechsel ist. Stellen Sie, wann immer Sie Müsli auftragen, ein Töpfchen mit Hefeflocken aus dem Reformhaus dazu und streuen Sie einen Eßlöffel davon über die Müsli-Mahlzeit. Besonders bei Kindern sind Hefeflocken beliebt.

Hefe enthält sämtliche lebensnotwendigen Vitamine der Gruppe B in natürlicher Form, außerdem Eiweiß von bester Qualität. Es wertet unser Müsli, egal um welches Rezept es sich handelt, also in jeder Beziehung auf.

Kefir als Müsli-Zusatz

Milch, Joghurt und Obstsäfte sind – wie schon erwähnt – ideale Flüssigmacher fürs Müsli. Ganz besonders gesund ist aber auch Kefir. Man kann Kefir trinkfertig in Bechern kaufen. Noch besser und frischer schmeckt er allerdings, wenn man ihn selbst mit dem Kefirpilz aus Milch herstellt. So ein Kefirpilz ist in guten Reformhäusern oder oft auch privat zu bekommen. Kefir unterstützt die Verdauungstätigkeit in wunderbarer Weise und wirkt beruhigend auf die Nerven.

So setzt man Kefir selbst an:
Ein nußgroßes Stück Kefirpilz in ein Glasgefäß legen. 1 l abgekochtes und auf 20 Grad Celsius abgekühlte Milch ohne Haut über den Pilz gießen und das Gefäß verschließen. Das Glas an einen warmen, dunklen und ruhigen Platz stellen. 12-20 Stunden stehen lassen. Kefir-Milch, die 12 Stunden alt ist, verhilft zu leichtem Stuhlgang; Kefir-Milch, die 26 Stunden alt oder noch älter ist, führt zu Verstopfung. Bevor man ihn aus dem Gefäß nimmt, wird der Kefir gut durchgeschüttelt und in ein großes Kunststoffsieb gegossen. Da bleibt der Kefirpilz zurück. Er wird in das sauber gewaschene Gefäß zurückgelegt und für den nächsten Tag neuerlich mit abgekochter Milch übergossen. Die fertige Kefir-Milch hält sich gut im Kühlschrank, ist ein erfrischendes Getränk und eine ideale Flüssigkeit fürs Müsli.

Der Kefir-Pilz selbst kann nur in Milch leben. In Wasser stirbt er ab. Er vermehrt sich und muß alle 2 bis 3 Wochen geteilt werden. Wer sein Müsli mit Kefir anrührt, vermeidet Verdauungsprobleme.

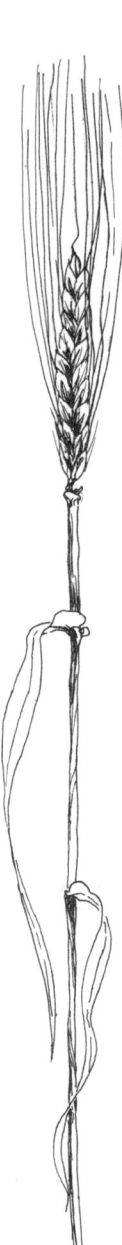

Ziegen- und Stutenmilch macht jung

In einigen Spezialgeschäften oder in Naturkostläden gibt es Ziegenmilch oder Stutenmilch zu kaufen. Der Müsli-Fan sollte sein Müsli ruhig einmal mit Ziegenmilch und gelegentlich auch mit Stutenmilch anrühren. Die Ziegenmilch liefert uns die Vitamine A, B, B_2, C, D und E und soll nach neuesten Untersuchungen der Universität Gießen auch günstig zur Vorbeugung von Krebs sein. In jedem Fall enthält Ziegenmilch wertvolle Substanzen, die in Kuhmilch nicht zu finden sind.

Der gesunde Kaffee zum Müsli

Eigentlich raten Gesundheitsexperten und Ernährungswissenschaftlicher, zum Müsli am Morgen Kräutertee zu trinken. Es gibt aber viele, die einen Kaffee bevorzugen. Leider ist Bohnenkaffee als Getränk am Morgen nicht zu empfehlen, weil das Koffein viele wertvolle Inhaltsstoffe des Müslis neutralisiert. Damit Ihnen aber der Kaffee nicht ganz abgeht, erinnern Sie sich an Großmutters gesunden Malzkaffee. Er ist eine ideale Ergänzung

zum Müsli. So wird eine traditionelle Malzkaffeemischung, die besonders leicht verdaulich ist und ganz allgemein die Verdauung anregt, zubereitet: Man kauft im Lebensmittelhandel eine Kaffeemittelmischung, die aus Gerstenmalzkaffee, Zichorienkaffee, Roggenkaffee und Feigenkaffee zusammengesetzt ist. Davon gibt man 2 gehäufte Eßlöffel in ½ l kaltes Wasser und bringt den Kaffee unter Rühren zum Kochen. Dann läßt man ihn etwa 5 Minuten zugedeckt ziehen, bevor man ihn, am besten durch ein Filterpapier, abseiht. Vor dem Trinken ¼ l Milch an den Malzkaffee geben und mit Honig nach Wunsch süßen.

Sie können die Kaffeemischung auch wie Filterkaffee oder in der elektrischen Kaffeemaschine zubereiten. In diesem Fall nehmen Sie für ½ l Wasser 3 gestrichene Eßlöffel des Kaffees. Da der Kaffee jedoch beim Filtern quillt, darf man den Filter nicht zu voll füllen. Und so wird der klassische pure Malzkaffee gemacht: Man kauft im Lebensmittelhandel eine Packung Malzkaffee, gibt 4-5 gehäufte Eßlöffel des gemahlenen Kaffees in 1 l Wasser, läßt ihn 3 Minuten kochen und weitere 3 Minuten zugedeckt stehen. Dann durchseihen.

Sie sollten als Müsli-Esser abwechselnd Malzkaffee und Malzkaffeemischung trinken.

Malzkaffee nach hergebrachtem Rezept ist für Erwachsene und Kinder gleichermaßen bekömmlich. Es handelt sich um ein reines Naturprodukt, dessen positive Wirkung schon Pfarrer Kneipp kannte. Malzkaffee fördert nämlich die Eiweißaufnahme im Körper und stellt ein ideales Eiweiß-Stärke-Verhältnis dar.

Kleine Joghurt-Kunde für Müsli-Fans

Joghurt und Joghurt ist nicht dasselbe. Das weiß jeder Müsli-Experte. Manche Joghurt-Formen eignen sich nicht fürs Müsli: etwa solche, die wärmebehandelt wurden. Sie können dann zwar bei Raumtemperatur bis zu 2 Monaten gelagert werden, enthalten aber viel weniger wertvolle Inhaltsstoffe als unbehandelter Joghurt. Der braucht kühle Lagerung und ist höchstens 3 Wochen haltbar.

Es gibt Joghurt mit rechtsdrehender Milchsäure und solchen mit linksdrehender Milchsäure. Ernährungsphysiologen erklären: Joghurt mit rechtsdrehender Milchsäure ist gesünder, weil der Mensch in seinem Stoffwechsel die rechtsdrehende Milchsäure besser verwerten kann. Die linksdrehende dagegen wird nur langsam umgesetzt und belastet den Organismus. Rechtsdrehende Milchsäure findet sich in Bio-Joghurt. Daher sollte der Müsli-Esser vorwiegend zum Bio-Joghurt greifen.

Müsli-Sirup aus Löwenzahnblüten

Wer für sein Müsli ein eigenes, originelles Süßmittel herstellen und zugleich seine Verdauung unterstützen und Vitalität tanken möchte, der sollte sich einmal Sirup aus Löwenzahnblüten zubereiten.

Dazu schneidet man auf einer Wiese, die weitab von Straßen und Industrieansiedlungen liegt, frische dunkelgelbe Löwenzahnblüten ab, wäscht sie gründlich und läßt sie dann auf einem Sieb abtropfen. Die Blütenköpfe werden anschließend in einem Mörser zerstoßen und in ein Glas gefüllt. Dazu kommen 50 g frisch gepflückte Tannenspitzen. Beides wird im Glas gut vermischt und mit ½ l abgekochtem Wasser übergossen. Das Glas verschließen und 24 Stunden an einem warmen Platz stehen lassen. Zwischen-

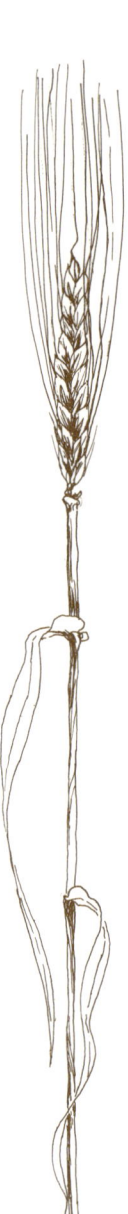

durch öfter das Glas öffnen und kräftig umrühren. Nach dieser Zeit wird das Löwenzahnblüten-Tannenspitzen-Gemisch in einem Topf mit ½ kg Honig und dem Saft der geriebenen Schale einer ungespritzten Zitrone 5 Minuten bei schwacher Hitze gekocht und anschließend durch einen Kaffeefilter gegossen. Noch heiß in Flaschen abfüllen. Man kann davon zum Süßen jeweils 2-3 Eßlöffel ins Müsli rühren.

Welcher Honig kommt ins Müsli?

Es gibt viele verschiedene Arten von Bienenhonig. Mancher Müsli-Esser fragt sich: Welcher Honig ist für mich richtig und wichtig? Hier eine kleine Honig-Kunde für Müsli-Esser:

– Waldhonig ist reich an Harzen und ätherischen Ölen, hilft wirksam bei Erkrankungen der Atemwege, außerdem hat er eine günstige Wirkung auf Niere und Harnwege.

– Lindenhonig ist hellgelb und hilft bei Nervosität und Schlaflosigkeit.

– Melissenhonig wirkt krampflösend und beruhigt.

– Kleehonig ist günstig für die Harnwege, für die Verdauung und löst Verschleimungen.

– Akazienhonig darf von Diabetikern genossen werden und hilft bei Erkältungskrankheiten und bei Magenübersäuerung.

– Kastanienhonig wirkt gegen Blutarmut, Krampfaderbildung und kräftigt.

– Buchweizenhonig stärkt Kinder in der Wachstumsperiode und hilft bei Erschöpfungszuständen.

– Quendelhonig wirkt gegen Gastritis.

– Weißdornhonig stärkt das Herz.

Man kann also mit der Verwendung des jeweiligen Honigs zum Müsli auch ganz gezielt gesundheitliche Wirkungen erzielen.

Die Erdnuß hat im Müsli nichts zu suchen.

Wenn die Rede davon ist, wie gesund Nüsse im Müsli sind, weil sie wertvolle Öle und Vitalstoffe liefern, so trifft all das nicht für die Erdnuß zu. In rohem Zustand kann man Erdnüsse nicht essen, geröstet aber sind sie schwer verdaulich und belasten den Stoffwechsel. Erdnüsse gehören vom Standpunkt der gesunden Ernährung zu den wertlosesten Nußprodukten. Eigentlich sind sie ja gar keine Nüsse, sondern eine Bohnenart. In einem Müsli haben sie auf jeden Fall nichts zu suchen.

Ein Sündenfall
und was dann?

Selbst dem treuesten und überzeugtesten Müsli-Anhänger kann einmal der Sinn nach etwas anderem stehen. Das ist normal und braucht niemanden zu erschrecken. Auch wer immer mit einem gesunden Müsli den Tag beginnt und sich dabei wohl fühlt, bekommt mitunter Lust, einmal etwas ganz anderes zum Frühstück zu verzehren. Gesundheitsbewußte werden in so einem Fall zumindest Vollkornbrot zum Frühstück essen, um der grundsätzlichen Ernährungslinie treu zu bleiben. Sie brauchen aber auch kein schlechtes Gewissen zu haben, wenn Sie einmal die Sehnsucht nach einem richtig »sündigen« Frühstück packt: nach weißen Brötchen, Kaffee oder schwarzem Tee, Marmelade, Schinken oder Rührei. Lassen Sie es sich ruhig schmecken. Wer nämlich sonst regelmäßig sein Müsli verzehrt, der darf hin und wieder auch auf Abwegen wandeln. Wenn Sie auf Reisen oder eingeladen sind und kein Müsli bekommen, können Sie ja auch nicht gleich in einen Eßstreik treten. Wichtig ist, daß Sie regelmäßig über lange Zeit Ihr tägliches Müsli genießen. Dann ist Ihnen ein »Fehltritt« durchaus erlaubt. Aber je länger Sie ein Müsli-Fan sind, desto geringer ist die Versuchung. Wenn Sie sich nämlich der Vollwertkost erst verschrieben haben und alle Vorteile buchstäblich am eigenen Leib spüren, dann wird Ihnen ein anderes Frühstück bald gar nicht mehr schmecken.

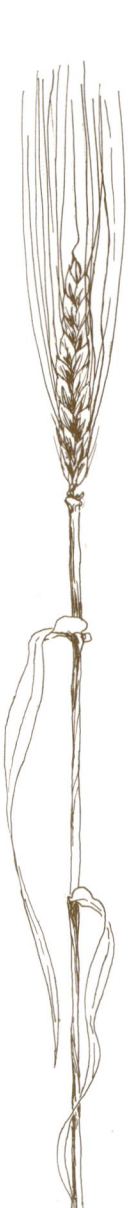

Die Qual der Wahl
beim Müsli-Essen – ein Nachwort

Manch einer, der dieses Buch von vorn bis hinten gelesen hat, wird sich vielleicht fragen: Für welche von all diesen angebotenen Müslis soll ich mich entscheiden? Welche sind für mich die richtigen? Darauf gibt es eine ganz einfache Antwort.

Probieren Sie so viele Müslis wie nur möglich aus. Mehr noch: Setzen Sie Ihre eigene Phantasie ein und entwikkeln Sie Ihr ganz persönliches und individuelles Müsli-Programm.

Stellen Sie fest:

– Welche Müslis Ihnen am besten schmecken

– Nach welchen Müslis Sie sich körperlich und geistig am wohlsten fühlen

– Welche Müslis Ihnen die meiste Kraft für den Alltag geben

– Welche Müslis Sie sich am schnellsten zubereiten können

Wenn Sie all das genau wissen, haben Sie ein Müsli-Repertoire, das Sie durchs Leben begleiten kann. Sie haben die Grundlage geschaffen für Ihre persönliche Müsli-Philosophie. Und wenn Sie erst einmal so weit sind, dann hat dieses Buch seinen Zweck erfüllt.

Register

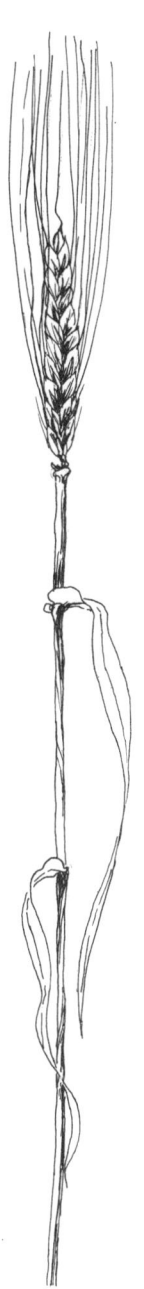

CORNY
Müsli-Riegel

Fit durch deutschen Honig!

Wirksames   Kräftigungsmittel und Energiespender
Frucht- und Traubenzuckeranteile

Wertvolle   Wirkstoffe und Vitamine fördern
Gesundheit und Spannkraft

Wichtig   für unseren Ernährungshaushalt
Spuren an Mineralstoffen

DEUTSCHER HONIG

Wesentlich sind die geschützten Warenzeichen: **Einheitsglas** und
Gewährstreifen (Grünes Kreuz) des Deutschen Imkerbundes sowie
Gütezeichen der CMA garantieren Markenqualität !

 Deutscher Imkerbund e. V.

5307 Wachtberg 3 (Villip) · Auf dem Grevel 12 · Tel. (02 28) 32 10 06

Die sanfte Droge Natur ist besser als Chemie

Gerhard Jäger
Die grüne Kur
Gesundheit aus Pflanzensäften

Mosaik Verlag

Pflanzensaft-ABC:
Wirkung und Anwendung der Heilpflanzen

Kurcocktails:
Rezepte für alle Gelegenheiten, mit Angabe der
jeweiligen Indikation

die häufigsten Beschwerden und ihre Behandlung mit
Pflanzensäften

128 Seiten mit 37 Schmuckzeichnungen